U0072487

看見生命之光

薛春光◎主編

洪佳君、黃志雄◎口述

台上一分鐘，台下十年功

　　積極促成本書的出版並答應接下主編工作，除了出自內心對黃志雄、洪佳君一路走來努力不懈、真誠待人的喜愛與推崇外，更主要的原因是出自我對「體育人」的認識。

　　回顧過去我與體育人接觸的經驗，從年輕時對明星運動選手偶像崇拜的少年情懷，到後續自己從事教職之後，與體育人諸多的合作與互動，我慢慢的發現也感受到體育人獨特的人格特質，讓我留下深刻的印象。

　　首先，體育人有「耐操」、「耐勞」、不畏艱辛，

具備禁得起痛苦磨練的精神。運動選手的培育過程是孤獨的，從小就必須持續不斷的訓練、鍛鍊以培養良好體能，平日更需反覆不輟的勤練、苦練精進技能。提升體能與技能的過程絕對辛苦，但是這也只是在競技場上能綻放出耀眼成績的基本功。基本功之外，在運動場上競技的過程，必須具備高度抗壓、情緒管理的能力，無論是在一路領先的場合，或是處在劣勢、面對全場喝倒采的觀眾，或是遇到裁判不公的比賽皆然。比賽結束，成績如果在預期之內，甚至超水準演出，慶功宴接二連

三是必然；反觀失敗者，只好黯然離開，下次再來。所以，一位優秀的運動選手必須具備「壓力管理」、「情緒管理」與「挫折容忍」的能力。

再者，體育人非常注重「團隊」精神，任何一個出色優秀的體育團隊，都深具絕對的向心力與強大的凝聚力，不管是單項個人、團體比賽或諸多體育活動，選手、教練團、後援會甚至後勤支援等諸多單位彼此間必須有良好合作默契，共同遵守團體紀律，因此也造就了體育人對於夥伴間彼此相互扶持的兄弟情誼，以及對自己所屬團隊高度的「認同感」。

最後，更值得一提的是，體育人重視輩分「倫理」的傳統，以及尊敬、服從教練指導的師徒情誼；這樣的精神亦展現在體育人退下戰甲，轉而投入其他職場後，

對於工作敬業的態度與重視職場倫理的表現。

　　現今社會正值傳統價值觀流失、新的道德規範尚待建立的當下，體育人這種令人敬重的人格特質彌足珍貴。志雄與佳君正具備了體育人獨特的人格特質。他們在體壇對於學弟、學妹多所禮讓與提攜的事蹟眾所周知，2004年在雅典舉辦的奧運會，志雄「越級挑戰」，面對奧運奪金的巨額獎金與光環，仍以國家的整體利益為考量，把擅長的第一量級留給朱木炎，自己挑戰第二量級。總算，朱木炎也沒有讓志雄失望，金牌並未外流！而「越級挑戰」，志雄獲得了第二量級銀牌，這面銀牌的光榮，我認為比金牌更值得尊敬、歌頌與流傳！「放下個人成就，視團體榮譽為己任」，這就是志雄與佳君一貫的行徑。

畢竟，選手的運動生命有限，離開競技場後的運動員表現又如何，是否依然有光鮮亮麗的演出？生涯轉換或規畫是否順利？是否繼續成為下一個角色的成功典範？頗值得大家關心！很多選手在退去明星光環之後，無法成功轉換角色，迷失自我；也有選手開出各式條件，早早卡位職缺。而志雄與佳君卻選擇了一條艱辛卻有意義的路。

　　基於「放棄小我、完成大我」的想法，希望把大眾利益擺在第一優先，志雄放棄在國外攻讀博士學位的機會，義無反顧的投入台灣民主政治，希望貢獻一己之力服務社會國家！因為，志雄與佳君多年來在國際賽會中，累積許多成長的經驗與感觸，讓他們體悟到：唯有國家民族團結強盛，站在國際舞台上才有國民的尊榮

感！也因此，近年來他們兩位總是獨排親友眾議，堅持做對的事。從當年站在國際奧運上代表國家爭取榮耀的心情，轉而投入現今街頭巷弄裡聽取民眾的心聲，然後再站上國會殿堂，代表鄉親們為台灣邁向未來更美好的生活發聲；眼前這對賢伉儷的精神與行動力，令我深深的感佩，也讓我親眼目睹了體育精神並不是只有勝負，還有更美好的人性光輝存在於斯。

在國際比賽風光獲獎以及議事殿堂專業問政的背後，往往充斥著不為人知的奮鬥與辛酸。在本書中，我們試著透過志雄、佳君的現身說法，探究並找尋運動選手可取的精神與事蹟，作為我們社會大眾及學生學習的楷模，希望藉由發揚運動家的精神，以作為品格教育的優良教材，更可以為今日紛亂的社會現象注入一股清

流。我也相信這些體育人為台灣社會所立下的佳言懿行，足以成為當代典範並傳頌於後世！

　　志雄、佳君這對曾在國際比賽風光獲獎的選手，成功的轉化角色成為在議事殿堂專業問政的民意代表，如今他們又有了新的突破──《看見生命之光》──他們的新書出版了！細細閱讀書中的每一個章節，更堅定了我當初的看法：他們對每件事，總是一步一腳印的努力，腳踏實地的奮鬥；正所謂台上一分鐘，台下十年功，他們的成功不在輸贏，在情操。

　　本書能順利出刊，除了感謝幼獅文化公司的支持與志雄、佳君願意分享外，特別感謝兩位好同事如杏、淑珍的協助，及她們所提供的許多寶貴的意見。

薛春光 謹誌 2010 秋

薛春光小檔案

★注定要當老師：9月28日，孔子誕辰紀念日生

★現職：
台北縣立龍埔國中校長
台北縣中小學校長協會第四屆理事長

★經歷：
歷經專任2年，導師11年，訓導主任4年半，教務主任1年半，借調教育局1年，台北縣石碇、竹圍、板橋等三所國中校長，台北縣中小學校長協會第三屆理事長，中華民國中小學校長協會籌備處主任。

★榮譽事蹟：
(1) 93年教育部「校長領導卓越獎」
(2) 98學年度全國技藝教育績優人員
(3) 99年度全國師鐸獎
(4) 《我來自板橋——100人故事集》(板橋市公所出版)
　　「熱情篇」作者

★著作：
《全方位導師手冊》、《班級經營調色盤》、《班級經營潤滑劑》、《班級經營三人行》等四本有關班級經營系列專書。其中《班級經營潤滑劑》入圍第32屆金鼎獎「最佳社會科學類圖書獎」。

台上一分鐘，台下十年功

贏在不放棄

　　人生不像是遊戲，遊戲可以隨意的暫停、停止、重來，但真實的生活卻不是如此。就如我與志雄，不論是過去運動員身分或是現在擔任民意代表，當我是跆拳道國手時，面對不同選手要有不同的戰術考量；當我是民意代表時，面對不同的政策、選民案件，要有更多元的思考、設想更周全的解決方式，讓民眾滿意，讓政策更完善。人生道路中，每一個步驟的決定，都是自己必須承受的結果，過去選擇當運動員就得要承受嚴格的訓練，現在踏上政壇就必須面對更多更繁複的事務。因此

不管是失敗還是成功，都要學會自己承擔，它是一個連鎖的過程，每一步都影響著下一步，每一步的後面都是一個新的選擇。人們總是習慣對生活抱怨，甚至對生命產生怨懟，在遇見層層關卡時，我們應該先讓自己冷靜，該做的不是逃避，而是不斷嘗試克服問題，或許所遭遇的挫折、難題，一時想不到方法解決，但這不表示你該選擇逃避。面對這些難題，其實我們可以先預設小目標，之後漸漸擴大，然後一步步的解決，隨時鼓勵、提醒自己「今天要比昨天更好」。

當我選擇轉換跑道，踏上為民服務的政治道路後，就該為自己的選擇負責。「承擔了就要做到最好」，是我的信念，不同的領域，事情有不同的處理法則，每一件的選民服務案件、每次的議題處理，因為這樣的理念促使我秉持深思熟慮、如履薄冰的態度來面對每件事情。當我從運動員走向議員，改變的是態度與視野，但不變的是核心價值，運動場上的專注與堅毅精神，同樣可以轉換到政壇。與志雄一路走來的相互扶持，也先後投入政治領域，我們懷著運動員特有的熱情為民服務，抱持著運動員堅毅的精神，不斷的學習。或許有人認為運動員與政治根本不相干，甚至懷疑我們是否適任，我們當下不急於辯駁，我們相信一次又一次所累積的成果將是最佳的證明。

當別人否定自己能力時，該做的不是用逃避來武裝自己，也不是用抱怨來安慰自己，因為逃避與抱怨不會讓人更了解你；逃避與抱怨也不會讓事情做得更好，唯有深刻的反省檢討後，隨時修正自己，展現出自己最好的一面，才是最佳的反駁。過去身為跆拳道選手時，總是以「不輕言放棄」來提醒、督促自己，透過一次次的的苦練，培養堅毅的意志力與耐力。而每一次對戰的對手，就算實力比自己強，也不需害怕，因為這些對手都是最好的知己。唯有不斷的挑戰自我，不論勝敗，過程本身就是最有意義的收穫。

我總是認為，人必須為自己設定一張夢想藍圖，這夢想不需太遠，因為太遠會讓自己有懶惰的藉口；這夢想也不能模糊，因為太模糊就會失去方向，但還是得為自己設定一張藍圖，因為心中有了藍圖，就有了方向，就能建構一個屬於自己的未來。「態度」與「堅持」就是一張看似簡單但需懂得堅持的人生藍圖，尤其活在當下時應將事情做到盡善盡美，把今日的事情做到最好，就是我自己的座右銘。

　　運動場上的執著與堅持，同樣需要發揮在政治工作上，盡力做好替人民發聲、監督的角色，追求的不該是連任與否以及利益分配。無論是從政或是當選手，當方向設定後，你所需擔心的不是自己達不到，而是要擔心自己準備不足，在這當下你應該具備的就是「下定決

心，然後不輕易放棄」，為自己的目標盡其所能的努力，在努力的過程中，或許跌跌撞撞，或許一時失去方向，但只要堅持到最後不輕易放棄，就可以感受到成功就在你身旁。

學會挑戰人生

人總是喜歡選擇輕鬆、簡單的路走，或許是因為習慣，或許是少了點勇氣，但人生的道路不可能一直順遂。1995年我在菲律賓世錦賽拿到銅牌，隨後的國際比賽也都踢出佳績，然而在2000年雪梨奧運摘銅後，卻陷入訓練的低潮與瓶頸，雖然心情一度低落，但我依舊選擇不放棄。一位運動員追求的除了優異成績外，堅持到底的精神更重要，憑藉著這股力量，以及教練與佳君的一路支持陪伴，終於在2002年重返亞運贏得金牌。2004年雅典奧運放棄自己最擅長的第一量級領

域，越級挑戰第二量級，有人笑我笨，有人說這不值得，有人不諒解，更多人直接說不可能摘金。也常有人問：「如果可以重來一次，會不會有不同的選擇？」對我而言，「堅持理想，接受挑戰」才是最重要的信念，決定了就要全力以赴，而不是奢望人生可以重來。

如果每次的跌倒換來的不是經驗而是抱怨，那麼面對環境的挑戰，請先自問：「我準備好了嗎？」環境是不會等我們的，幸運的話，沿途會有人引導我們，扶我們一把，讓這一路少一點坎坷；若是不巧，少了貴人相

助，或許道路多點泥濘，但也可能藉由摸索找到深藏的寶藏，而讓自己有所成長。在未知的道路上，我們不會曉得將面對多少艱難與關卡，在這過程中，如果可以先做足準備工作、充實自身能力，就算道路崎嶇不平，並不表示我們就無法到達最終目的地。

念文化大學研究所時，陳景星教授（文化大學運動教練研究所教授）曾經對我說：「志雄，我相信以後無論你從事什麼，你一定都能有不錯的表現，因為你親身經歷過這樣的一個歷程，為了達成自己設立的目標，不斷努力，不斷提升自我，你已經了解這樣的精神，往後你的人生，只要你秉持這種精神，我相信你在許多領域都能有傑出表現。」這段話對我而言，不僅鼓勵了我，更是讓我對於未來更有勇氣面對未知的考驗。「時時刻

刻迎接新的挑戰」成為我未來人生道路上，面對不同情況時的最佳激勵。

　　因緣際會從體壇轉換跑道到政壇，成為第六屆新科立法委員。對外人而言，有著難以想像的差距，然而對我來說這是人生路途上不同的挑戰，不同於過去跆拳比賽場上的磨練。脫下跆拳道服換上西裝，身上肩負的是選民對你的期待與寄託，替他們發聲為他們爭取權益。隨著第七屆立委選舉的順利連任，讓我更深一層的體會，只要願意付出、充分努力，沒有打不倒的對手。我總是期許自己，在面對不同的困境與挑戰時，用更開闊的心胸、更多元的態度，充盈實力做足準備，以正向且充滿力道的能量，克服不同的挑戰，開創一個屬於自己的未來。

黃志雄小檔案

★現職：
第7屆立法委員

★學歷：
國立體育大學博士班
中國文化大學運動教練研究所碩士畢業
中國文化大學體育系國術組學士畢業

★經歷：
第6屆、第7屆立法委員
中華民國第43屆十大傑出青年
2004年雅典奧運跆拳道銀牌
2003年德國世界錦標賽金牌
2003年全國運動會代言人
2002年釜山亞運會跆拳道金牌
2000年雪梨奧運跆拳道銅牌
1997年香港世界錦標賽金牌
1995年菲律賓世界錦標賽銅牌
中華奧會第9屆運動員委員會主任委員
台北縣體育會跆拳道委員會第8屆副主任委員
民國87、88、90年全國十大傑出運動員
民國87、88、90、92年聯合報系票選十大運動員
民國87、88、89、90、92年全國運動會第一名
中華奧林匹克之友協會第2屆文化教育委員會主任委員
中國國民黨中央委員會第18屆全國代表大會代表
立法院次級團體G6成員
立法院次級團體第6屆文化立法推動聯盟成員

洪佳君小檔案

★現職：
台北縣議會第16屆議員
救國團樹林市團委會會長

★學歷：
中國文化大學運動研究所碩士
中國文化大學體育系

★經歷：
文化大學講師
國民黨中央委員會第18屆全國代表大會代表
國民黨中央委員會第18屆候補中央委員
國民黨第17次全國代表大會代表
國民黨青年論政聯盟第1屆、第3屆執行長
鶯歌青商會顧問
2004年世界愛滋日代言人
2001年世界錦標賽跆拳道第三名
2000年世界盃跆拳道第三名
1998年世界盃跆拳道第一名
一等三級國光獎章
國民黨中央委員會獎章證書及華夏二等獎章

CONTENTS

02 主編序
台上一分鐘，台下十年功◎薛春光

10 序一
贏在不放棄◎洪佳君

16 序二
學會挑戰人生◎黃志雄

25 要做運動家，還是競賽者？
風度是無法模仿的，它是發自內心的真誠展現，就像一場運動競賽競爭的雙方，一定有贏有輸，如果是有風度的表現，就是大家耳熟能詳的「勝不驕、敗不餒」了。

37 打一場人生最美好的仗
大家都想跟「成功」做朋友，但在得到成功之前，不如自己先幫「成功」下個定義，什麼才是真正的成功？成功只有「贏」這個面向嗎？還是另有一個境界值得大家去體認？

49 「向球場行禮」的尊重精神
重視倫理，從身邊的人、事、物做起，我們會發現，原來尊重別人可以讓自己得到更寶貴的經驗。

63 用最單純的心行善
熱心助人，不但自己會快樂，也讓對方度過難關，何樂而不為？

75 朋友是一輩子的寶藏
「沒有永遠的敵人、只有永遠的朋友」，會跟你競爭的對手通常很可能就會成為你的好朋友，因為他帶給你努力的動力，從另一個角度來看，他不就是你的好朋友嗎？

89 分享自己的幸福
只要努力、對自己有信心，無論扮演什麼角色，只要用心，一定會成功。

101 分數的意義

有考試就會有分數的高低，到底「分數」代表著什麼意義？其實很難有一個明確的答案。不管如何，分數只是學習過程中的一個檢驗，重要的是，有沒有把握學習過程，把不會的弄懂，把分數當成自我檢測的工具，才可以明白自己的學習有沒有效率。

115 點點滴滴的累積

台上一分鐘，台下十年功。
成功沒有捷徑，只能靠一步一腳印奮鬥，成功才會屬於你。
今天的成功是靠昨天的累積，明天的成功則有賴於今天的努力。很簡單的道理，卻有很多人忽略它。

131 時間是生命歷程的縮寫

上天給每個人的時間最是公平，無論你是王公貴族還是平民百姓，「時間」的呈現一視同仁，每天都是24小時。
善於運用時間的人，可以完成更多想做的事；不會運用時間的人，只是讓機會從身邊溜走。
把握時間的觀念要從小培養，這樣你可以比別人更早規畫自己未來的志向，目標確定後，就可以全力衝刺為自己圓夢。

143 人生如意事常有一二

失敗並不可怕，可怕的是不知道失敗的原因，以及如何從失敗的低潮走出來。

155 放下身段，路愈走愈寬

做人好比上山採茶，採茶要彎腰低頭，就像是做人處事，要學會放下身段；好茶要喝「一心二葉」，「二葉」代表認真和努力，「一心」代表時時刻刻將工作做好。

169 開啟一扇生命之窗

在努力的過程中可以得到很多收穫，前提是不要輕易放棄，只要堅持到最後，就可以達成自己的目標。這個看似簡單的道理，卻不見得人人可以辦到，原因在於：「太早放棄了。」

1

要做運動家，還是競賽者？

風度是無法模仿的，它是發自內心的真誠展現，就像一場運動競賽競爭的雙方，一定有贏有輸，如果是有風度的表現，就是大家耳熟能詳的「勝不驕、敗不餒」了。

最珍貴的運動家風度

　　運動場上最能展現運動家精神的風度。2009年，高雄世界運動會的拔河金牌戰，瑞士要跟德國爭奪金牌，德國隊有一位選手受傷，卻又派不出替補選手上場，確定得少一個人跟瑞士隊爭奪金牌。拔河運動如果少一個人上場，幾乎確定要輸給對手，瑞士隊的金

牌可以說已經十拿九穩。

可是，瑞士隊在得知德國隊有一人受傷的消息後，決定也要用相同的人數跟德國隊競爭。瑞士把輸贏先拋到腦後，不願占便宜，自動撤下一人，先求實現公平的運動家精神，否則贏了也不光彩。最後，瑞士隊贏得全場的尊敬，也讓德國隊輸得心服口服，這面金牌拿得貨真價實。

政治人物其實更需要具備運動家精神，尤其在競選活動展開時，常常會看到或聽到相互競爭的候選人互揭對手的隱私，甚至相互用黑函作人身攻擊，以為「我只要把對手罵倒、打倒，我就是贏家。」謾罵與攻擊對手其實是很不道德的，志雄與佳君也曾經碰到被對手用莫須有的手段攻擊，但他們總是一笑置之，

要做運動家，還是競賽者？

反而更努力把自己份內的工作做好，來爭取選民的認同。這就是風度，最珍貴的運動家風度。

　　有一顆寬容的心，用包容、理解和關懷的心態去待人接物，就不難成為一個有風度的人。風度是由高貴的修養及美好的心靈折射出來的生命之光，任何人都能感覺到它的存在。瑞士拔河隊、志雄與佳君不就是如此？在他們周遭的人們都可以感受到這份情操。

　　政治人物有許多本質與運動員相似，他們都要經過競爭才能站上自己的地位；他們都要時時

刻刻為選民服務，就像運動員要時時保持訓練，在這些努力的過程中，都會碰到不少挫折，有些是過程上的低潮，有些來自對手的攻擊，具有風度的政治人物與運動員，對這些挫折大多一笑置之，因為這些並不是阻擋他們前進的障礙，只要他們的心思清淨，保持風度，都可以處之泰然。

佳君曾有過深刻體驗。在投入競選活動後，都得挨家挨戶去拜票，爭取支持，碰到對手陣營的支持者，她還是很有禮貌跟大家打招呼，因為她相信：「雖然對方支持別人，但不代表不喜歡我或是我表現不好，只是我還沒有做到讓他認同我，我要努力。」她不會去區分敵我，只認同公平競爭。這是運動家精神的最高展現，也是最佳風度的表達。

北京奧運跆拳道國手蘇麗文曾是佳君的隊友，她抱傷上陣，跌倒了十多次，卻堅持不放棄比賽。她輸了，但運動家的精神展露無遺，即使沒有得到獎牌，卻感動了很多人。北京奧運中，與蘇麗文同一個量級的金牌選手是誰？大家可能都沒有印象了，只記得蘇麗文的奮戰精神。賽後競爭對手們紛紛給了蘇麗文最大的鼓勵與祝福。

專心投入，不要想太多

　　要保持優良的器度與風度，有一個關鍵的要素，就是不論參選、比賽或是考試，是否有專心投入，做好萬全的準備？如果有，自然信心十足，不用害怕各種挑戰，也不會在意最後的結果，因為你已全力以

赴。贏了，固然高興；輸了，你也得到寶貴經驗。

在美國職棒奮鬥的王建民，2008年只是跑壘扭到腳，整個球季就泡湯了。在比賽的過程中，運動員最怕受傷，但是愈專業的運動員，就愈重視自我防護。2009年，想不到肩膀又舊傷復發，但他還是全心投入復健的過程，沒有放棄的念頭。

左投手郭泓志，是另一位在美國職棒發光發熱的選手，他的手臂經歷過數次痛苦的手術，這些挫折沒有打倒他，他只是不斷的復健 ── 練習、復健 ── 練習，沒有別的想法，只等待出賽機會。2010年除了在場上表現傑出之外，還入選國家聯盟的明星隊；7月開季連續36打數沒被敲出安打，創下大聯盟紀錄；10月季後賽創下道奇隊127年來最低的防禦率。

超級馬拉松天后邱淑容2008年參加穿越法國賽，跑到腳上長小泡，依然忍痛跑完十八天一千多公里的賽程，不料傷口遭細菌感染，導致敗血病，跑完馬上被抬進醫院，陷入重度昏迷，一度還發出病危通知。雖然獲救，雙腿卻已經截肢。現在的邱淑容心境樂觀，人生並沒有被這些突如其來的困境打倒，也沒有後悔。

　　運動家精神在於，「輸」並不可怕，一時的輸贏不代表一輩子的輸贏。如果缺少了運動家精神，自然會不服輸，甚至會想盡辦法不擇手段也要贏得勝利。我們也曾聽聞過，競技場上，有些運動員靠著服用禁藥強化自己的比賽成績，這就是非常不好的示範，不僅得不到對手的祝福，也會讓所有人看不起。賽事一

定有勝有敗，就像人生有喜有悲，是很平常的一件事，贏了不需要在對方傷口上撒鹽，輸了也應該節制負面情緒，才能化挫折為力量。

國外比我們更重視運動家精神的培養，也更重視體育成績。英國著名的牛津大學羅德斯獎學金格外重視學生在體育領域的表現。美國的中學階段更是重視體育課，學校重視的是訓練過程，而不是出賽成績，就算你的學科成績很好，體育課甚至校隊訓練還是要參與。這是從內而外的精神教育，讓大家自動自發去參與，未來就會自動散發出運動家該有的風度與氣質。這種風度是沒辦法偽裝出來的，它是自然形成、由內而外散發出來，不會讓你覺得虛偽不實。

有一次，佳君與很多議員一起參加記者會，以

要做運動家，還是競賽者？

往記者會上都有「卡位」的問題，大家都想占到好位置，讓攝影機容易拍到以增加曝光的機會。但那一次，所有的議員都很有風度，大家相互禮讓，只想把共同的政策藉由媒體推展而落實，把「卡位」的問題拋開，結果那一次的記者會，站在最明顯位置上的反而是最年輕的佳君，大家很真實而且有風度的參加那次記者會，當然會後也成功的傳達了議員們的理念，大家都是贏家，沒有輸家。

政治人物參選過程也是同一個道理，如果保持風度、公平競爭成為一種態度，一旦選舉結果出爐，不管勝敗，都可以心平氣和，敗者送

給勝利的一方祝福，勝者則更加努力做好自己份內的工作。這種從政文化在台灣比較少見，除了可以在年輕優質的民意代表身上看到之外，也希望可以藉由這些年輕、形象清新的民意代表，打造更棒的環境。

所以，德國拔河隊並沒有輸，蘇麗文也沒有失敗，王建民、郭泓志等都是成功的最佳典範，因為他們都散發出運動家的風度。

我們要當一位運動家，而不要只當一名競賽者，在爭輸贏的同時，保持風度不只是出於自重，對競爭對手、對賽事本身而言，也是一種尊重，運動家因為懂得尊重對手、尊重比賽，所以才能勝不驕、敗不餒。

要做運動家，還是競賽者？

佳君小語

萬全的準備可以讓你信心十足，進而散發勝不驕、敗不餒的運動家精神，我們不該仇視自己的對手，反而要更尊重對手，大家在公平的起跑線上起跑，才能心安理得的爭取勝利。

2

打一場人生最美好的仗

大家都想跟「成功」做朋友，但在得到成功之前，不如自己先幫「成功」下個定義，什麼才是真正的成功？成功只有「贏」這個面向嗎？還是另有一個境界值得大家去體認？

　　還記得2004年雅典奧運中為國爭光的朱木炎，拿下閃耀金牌的那一刻嗎？除了台灣人站上世界舞台重現榮光外，最教人津津樂道的，則是金牌背後蘊藏的運動家精神，跆拳道國手志雄讓出最拿手的第一量級，鼓勵隊友朱木炎準備第一量級，自己卻選擇體型條件都比他大一號的選手越級參賽。此舉被眾人視為不智之舉，根本是把奧運金牌拱手讓人，但志雄認

為，國家從未在奧運會拿過金牌，如果他跟朱木炎一起去比賽，只要其中一人拿到金牌，就算成功。

有捨才有得

2004年初，志雄經過一陣思考後，決定放棄第一量級改打第二量級。這個決定造就了八個月後的雅典奧運，朱木炎在第一量級成功奪金。志雄以老大哥身分，把最艱難的責任扛在肩上，他知道改打第二量級要贏金牌的機會，不及自己擅長的第一量級。

志雄越級挑戰奧運的精神，贏得全國民眾的敬重，他的「得」比起奧運金牌更具意義，他懂得禮讓割捨自己的優勢，以換取整體的榮譽，這是「有捨有得」。

打一場人生最美好的仗

當年朱木炎在第一量級已經是世界冠軍，但奧運國手選拔賽，朱木炎卻不見得能打敗志雄，台灣最佳的兩位選手如果都在第一量級搶出線，我們要爭奪史上從未拿過的奧運金牌機會只剩一半。

　　基於「放下小我」的想法，志雄把朱木炎最擅長的第一量級留給他，自己去拚難度更高的第二量級，當時他為「成功」下了定義：放下個人成就，視團體榮譽為己任。「我決定接受挑戰，第一量級讓朱木炎好好去準備，拚雙金是我的夢想，如果我輸了，朱木炎可以順利奪金，全國民眾想拿金牌的夢想也能達成，這樣也算圓滿。」志雄對媒體說出自己的決定，這是他運動生涯最大的轉折，他可能會在奧運比賽一無所有，但他卻不以為意。

朱木炎面對志雄的禮讓，不負眾望為中華隊贏得金牌，他也希望志雄拿下好成績，能跟他一樣站上頒獎台享受榮耀。奧運賽中，志雄展現驚人鬥志力拚男子第二量級世界冠軍伊朗好手哈迪，金牌之戰備受各界矚目，儘管早已預知自己在身材上不及對手，居於下風的志雄仍奮力一搏，仍秉持著運動家的精神。

　　佳君是志雄最忠實、堅強的後盾，多年來不僅是他的心靈伴侶，更互相切磋跆拳技藝，此刻的她面對志雄的選擇無怨無悔，靜靜的坐在擂台下，內心只有一個願望：希望志雄可以贏得金牌，為個人運動生涯畫下完美句點。佳君的期待，也是國內眾人的盼望，因為他們看到了志雄賽前的大器，不到三十歲的他，為成就國家最高榮譽而放棄自己擅長的量級，勇於參

打一場人生最美好的仗

加越級挑戰，高貴的情操備受激賞。

其實，這場比賽的意義已經脫離獎牌成色的勝負結果，對志雄而言，如果贏了金牌，會是個最完美結局，但就算他不敵哈迪，也無損他的貢獻，奧林匹克運動會強調的無私精神，在志雄身上已展露無遺。

志雄帶著奮戰到底的精神參加奧運賽，即使雙方身材有明顯的差距，當擂台上戰鼓一擊，長達九分鐘激戰的三回合，他士氣高昂與對手鏖戰到最後一秒，金牌終讓哈迪拿下，志雄低著頭走下擂台，他明白這場比賽輸掉之後，今生已經無緣奧運金牌夢。

志雄雖敗猶榮，佳君已經淚流滿面，不是感嘆志雄只得銀牌，而是疼惜他對跆拳道、對國家社會的付出，當比賽結束的那一刻，肩上的重任已經卸下。

朱木炎趨步上前向志雄致意，他說：「雄哥的銀牌成就，不比我的金牌差，沒有他，不會有我這面金牌。」

看台上的啦啦隊含著淚、揮舞著奧會五環旗為志雄加油，他們都知道，志雄盡力了，他們更感佩志雄的努力付出，原來「台灣精神」就出現在愛琴海畔的雅典市，志雄所做的一切，深深感動了台灣人。

運動選手的競技場是殘酷的，不僅運動生命有限，金牌更是大家拚鬥的焦點，不允許有所閃失，奧運金牌的光環是運動員畢生追求的夢想，雖然志雄的決定令人跌破眼鏡，但志雄靠著自己的堅持與努力，依然得牌，這種禮讓的胸襟與提攜後進的風範，真讓人感佩。志雄獲得的這面銀牌，更值得國人尊敬。

打　場人生最美好的仗

志雄本性謙讓，能夠正確的認識自己，容易發現別人的長處、寬容別人的缺點、尊重別人。在奧運參賽的決定中，志雄正確對待個人的利益，不居功，不爭名奪利。雖然這個決定，一度造成他與教練宋景宏的關係緊張，但他說：「我要讓教練以我為傲，我要用苦練證明自己的選擇是正確的，後來證明，我雖失去了金牌，但贏得終身最珍貴的經驗。」

　　關於一個夢想、一個目標，怎樣才算是真正成功？

　　有人說，世上的人只有兩種分類，一種是成功的人、一種是失敗的人。在奧運金牌的角逐戰，志雄是失敗的；但在人性光環的彰揚上，他卻是位十足的成功典範，信念與理想支持他勇往直前，謙讓為懷的精

神使他贏得尊敬，「先捨後得」為志雄運動生涯的成就完美昇華。

　　志雄奮鬥的過程中，有多少世人是拿著傳統成功定義的戒尺打量著他，有誰陪伴著他、有誰支持他？當年，只有親密伴侶佳君陪著他，一路走來嘗盡辛酸，當志雄打完最後一場比賽，佳君擦乾淚水向志雄說：「我以你為榮。」

　　在志雄決定越級參加奧運之後，全心全意投入訓練，心情的轉折起伏只有佳君了解。當時的佳君決定退出奧運國手的選拔，全力協助志雄完成夢想，她擔任陪練員、也為志雄準備訓練計畫，默默的扮演背後最大的精神支柱。

打一場人生最美好的仗

奮鬥者需要溫暖的支持

在志雄奧運比賽結束後，佳君整理了思緒，她說：「其實雄哥半年多前決定越級參賽，那時候就是一位成功者了。這段日子，我能做的就是給他鼓勵、給他關懷。」

成功之路往往是孤獨的，但成功的路上如果能有知音相伴，一路走來則更能始終如一，或許自己沒有時間可以停下腳步喘息，但奮鬥者並不乏支持者給予的溫暖。

當你發覺走在這條道路上，需要比常人拿出更大勇氣、比常人更容易面對失敗打擊的時候，最需要溫情的支持。佳君在志雄的人生中，扮演了重要的支持角色。她明白他的選擇是出於團隊榮譽，她明白整個

準備過程難度艱鉅，她更明白志雄需要有人陪伴，那怕只是靜靜的站在他身旁，對志雄而言，都是莫大的鼓舞。

　　志雄不曾後悔當年的決定，雖然奧運金牌之夢已遠，但成功不必在我，在全民心中，他就是一位成功的英雄。

打一場人生最美好的仗

志雄小語

抱著謙虛的心情，朝向自己設定的成功之路邁進，「成功」就成為一種自我奮鬥的最大成就，不需要管別人怎麼看待自己，要記得的是：「成功」並不是只有輸或贏這麼簡單的定義。試想，志雄的成功只是那一面奧運銀牌嗎？最珍貴的其實是他的情操。

3

「向球場行禮」的尊重精神

重視倫理，從身邊的人、事、物做起，我們會發現，原來尊重別人可以讓自己得到更寶貴的經驗。

棒球是台灣最盛行的運動，大家在看棒球賽時不知道有沒有注意到一個細節，不管是球員或是教練、甚至裁判，要踏進球場之前，都會脫帽先向球場敬禮致意後，才把腳踏進球場內，展開一天的練習或是比賽。

「為什麼要向球場行禮？」這個棒球文化其實包含的意義深遠，最重要的是對土地的尊重，因為棒球場是這些球員、裁判「天天相處」的地方，是棒球

選手的「守護神」，球員們被教導要尊重這片土地，因為有這片土地，才能訓練出球技。這是對大地的尊重，也可以說這是棒球的運動文化，是棒球的倫理表現。

小小動作培養倫理觀念

倫理不只是人與人之間的尊重與道德規範，相對也延伸到對待周遭萬物的態度。教練在培養選手專業技術的同時，也培養選手的倫理觀念。棒球選手尊重球場，甚至球棒與手套；體操選手尊重比賽的器械，例如高低槓、鞍馬；田徑選手尊重釘鞋，它是最該受保護的比賽用具，這些運動選手的小動作，卻展現出可貴的觀念——對周遭與自己息息相關的人、事、物

「向球場行禮」的尊重精神

抱持尊重態度，形成虔誠的倫理觀念，你才能在自己的專業領域發光發熱。

不只棒球運動如此，還有很多運動種類的選手非常重視「倫理」，尤其是球員之間、球員與教練間的互動，都是靠著「倫理」維持和諧且相互尊重的關係。

你如果走進跆拳道館，通常可以看到一幅「跆拳道精神守則」，還有一幅「青天白日滿地紅」國旗，跆拳道選手從小就被教導要愛國家、要尊師重道、要有責任感、要有榮譽心，這些心理精神層面的訓練，就是倫理。看似小動作，意義卻非凡。

在跆拳道場，只要你看到教練或是年長的選手，一定要出聲問好，這個習慣到了國家隊也一樣維持。

「教練早、學長（學姊）早。」這是一句非常普通的問候語，但現在有很多年輕朋友卻說不出口。

　　曾參與運動競賽的選手，一定會曾被要求重視運動精神與公平競爭。除了這些之外，還要注意運動之外的人、事、物與環境，運動員的行為必須符合道德行為標準和遵守運動規則。

　　志雄當年在國家隊被封為「精神領袖」，除了他的成績耀眼之外，品格也是一等一。在跆拳道隊，他受到全體隊員的尊重，也受到教練的賞識，他的一舉一動都是年輕隊員的典範，大家都向「雄哥」看齊。難能可貴的是，志雄並不藏私，所有的技術都樂於拿出來與年輕選手分享，而且還親自指導他們。

　　當年的佳君也是隊上的老大姊，巨蟹座的她，

「向球場行禮」的尊重精神

把跆拳道隊當成自己的家，隊員們就是自己的兄弟姊妹，教練宋景宏形容，佳君經常犧牲自己的休息時間，為其他隊友服務，例如訓練前的貼紮、熱身運動的準備，等她看到大家都準備好可以開始訓練之後，才投入自己的訓練課程。宋景宏說：「她就是這樣的選手，可以無怨無悔的為其他人付出。」

以志雄與佳君在中華隊的資歷與輩分，大可不必做這些工作，但他們都樂於付出，在這個過程中，年輕選手看在眼裡，也有深刻的感受，有老大哥以身作則，帶動全隊的士氣，中華隊非常團結，國際戰績也十分出色。

這些對運動場地、運動員之間展現出來的「倫理」觀念，是速成不了的。它必須在選手或是觀念

「塑造成形」之前，給予教育、培養，並且透過親身實踐，才會有一定的成果顯現；它必須是真誠不虛偽，很自然的流露出來，才顯得珍貴。

政治人物跟運動選手有很多相似之處，他們都必須先經過考驗（選拔賽、選舉）才能到達該有的地位，所以，在這些過程中，倫理的觀念也十分重要。

政治人物也講求倫理，才能在從政過程中得到尊重及支持，政治人物的倫理包括對選民的尊重、對自己責任的實踐，還有對競爭對手的風度，這樣子才算是一位成功的政治人物。

同學們在求學過程中，也要時時保持重視倫理的觀念，同學們對自己課業的敬重與投入，就要像棒球選手對場地的敬重一般虔誠，必須全力投入並且重

「向球場行禮」的尊重精神

視，才能得到圓滿的回饋。

　　師長們都鼓勵青少年多運動，而且強調運動是教育重要的一環，大家在從事運動的同時，不論你是校隊、或是單純的健康運動，尋找運動的樂趣與自我價值的實現就是運動的本質，從參與的過程中享受競技運動真正的快樂，並將運動道德的價值發揚光大，這樣子從事運動，才算具有意義。

　　在運動世界中，要能合乎禮節和規矩，而且人與人、人與事、人與物，都可以跟自己和諧共存。當我們融入這個環境當中，自然而然就會受到感染，這

56

是正面學習，大家都不應該忽視。

　　很多運動團隊都有所謂的「學長（姊）制」，校園生活也一樣，高年級的同學要負起協助低年級同學的責任，而低年級同學要尊重高年級的學長（姊），大家在校園內共同學習，除了課堂上老師傳授的課業之外，還可以跟從高年級的同學學習，都是尊重倫理的表現。

　　上了大學後，可以參加許多社團活動，這些活動多數由高年級輔導低年級的同學，大家擁有共同的興趣，在社團內發揮專長，這時候「學長（姊）」幾乎等於小老師，他們的社團經驗可以幫助低年級同學吸收經驗。

「向球場行禮」的尊重精神

幫助過我的人都是我的貴人

　　校園、運動團隊甚至政壇都是如此，沒有倫理觀念，許多規範都會瓦解，如果失去自己本分該做的事、該扮演的角色，那這個團隊就會失去向心力，少了團結的力量，就很難達成預設的目標。

　　「尊師重道」是實踐倫理的重要表現。除了校園內的老師之外，運動團隊的教練、工作職場上的資深同事，都是大家應該尊重的對象，尤其是為大家授業、解惑的老師，更值得同學們尊敬。

　　古人說：「一日為師，終身為父。」曾經在學習過程中指導過你的都是老師。志雄就說：「我從國中就進道館學習，宋景宏教練不但指導我跆拳道技術，也教我很多做人處事的道理，他就像我的父親一般，

關係是那麼的親密。」

　　志雄與佳君雖然從體壇退休，也成功轉入政壇服務，但他們對昔日的教練、師長都非常敬重。而且還時常向這些曾經指導過他們的師長、好友們請益，佳君說：「無論教練、老師、朋友，在選手生涯或是從政後，曾經協助過我的師長們，都是我的貴人，也都是我尊敬的對象。」

　　重視倫理，無論在學校、在政壇、在未來的工作崗位上，都可以得到更多的尊重。但是，社會的變遷與經濟的成長，很多人、事、物受到職業化、商業化、金錢獎勵等多重影響，各種不正當的利益誘因不斷出現。以運動員為例，以往傳統的運動態度與價值觀受到很大的衝擊，運動員不再單純只是為創造優異

「向球場行禮」的尊重精神

成績為主要目標，取而代之的可能是獎金的誘惑與利益的追求。如果，個人沒辦法自我把持，失去了道德與倫理觀念，就很容易受到誘惑，採取不正當的手段來獲得利益，將會受到社會的唾棄與譴責。

2009年，鬧得滿城風雨的職棒簽賭案，讓多少支持棒球的球迷心碎；在政壇上的貪汙舞弊案，讓全國民眾覺得不可思議，他們就像學生們考試靠作弊來得到高分，運動員靠服用禁藥來贏得冠軍，道德與倫理徹底消失殆盡。社會邁入高度的競爭，很多事物都變得功利化，大家很容易忽略倫理與道德的分際，只重視自己而忽視他人。我們更應該重視倫理，各盡其責，各安其分。

教育部長吳清基曾經說過，大家如果可以從家

庭倫理做起，從校園倫理去實踐，從生活倫理中去落實，從族群倫理中去友愛，並從職場倫理中去發揚，最後就可以在自然倫理中達到圓滿。

「向球場行禮」的尊重精神

志雄小語

在家裡，如果可以孝順父母，進到校園內，也一定能做到尊敬師長、友愛同學，這是自然天生的行為，也是對倫理道德的高度實踐。

4

用最單純的心行善

熱心助人，不但自己會快樂，也讓對方度過難關，何樂而不為？

　　台東菜販陳樹菊熱心捐款助人的故事被媒體報導流傳開來後，她被美國《時代》雜誌選為世界最具影響力的百大人物，她還受邀到美國領獎接受表揚，她的故事之所以感人，是因為她展現了助人是不分階級、是人人可做的事，也就是舉手之勞的事。

　　陳樹菊的善心，源自於她在市場內的小菜攤，她比任何大企業家都具有影響力，因為她幫助了最需要被協助的人。最及時的協助，經常是最感人、也是最

珍貴的。它會讓對方終生難忘。

　　陳樹菊兒時一家八口全靠父母在菜攤賣菜維生，十三歲時，陳樹菊的母親生病，沒有醫藥費就醫，而且是靠眾人的援助，湊足了保證金才能住進醫院，後來母親與弟弟過世，陳樹菊為了感謝別人的援助，每天靠著賣菜所得存起錢來，一點一滴，積少成多，長久以來默默捐錢助學，她的善行才如此受到尊重。

　　陳樹菊靠著微薄賣菜所得，一點一滴的省下來，她每天凌晨就開始到菜市場賣菜，幾乎風雨無阻，所謂同理心，她知道急需協助的人的心情，她的動機很單純，就是隨時幫助需要幫助的人，用這種助人的心、助人的動機來幫助別人，真令人敬佩。

　　陳樹菊小時候因家貧付不出醫藥費，造成媽媽、

用最單純的心行善

小弟接連病死的遺憾，一回家，想到這些往事就難過、哭泣。因為童年的遺憾，促使她發願要濟助窮人。她捐出賣菜的收入五百五十萬元設獎學金、蓋圖書館、協助窮人。用「同理心」幫助別人，接受幫助的人也能感受到這份珍貴的心意，而幫助別人的人也會得到意想不到的收穫。

謝謝你讓我有機會幫助你

　　志雄的辦公室曾經協助過一位離婚的婦人。這位婦人獨力撫養小孩，生活並不富裕，後來她的前夫去逝，卻要她承擔一千多萬的債務。她先請求佳君協助，後來由志雄的法案助理接手幫忙，花了好幾個月才解決。這位婦人非常感謝志雄的幫助，志雄加入選

戰時，成了最忠實的支持者，到處為志雄拉票。

　　佳君為民眾排解困難時，她的團隊常常親自為民眾不厭其煩的解決難題，她並不想被外界誤認為是用議員的身分在為別人關說。有一位吳太太，夫妻倆都有正常工作，突然發生車禍，生活頓時發生困難，佳君一接到這對夫婦的請求，她從警察局的筆錄開始協助處理，其中包括民政局的社會補助、保險理賠、車禍後的復健，最後還為吳太太介紹就業輔導，讓未來生活可以無後顧之憂。佳君的團隊花了很多心力協助這個家庭，終於讓他們脫離生活困境。

　　有一天，佳君辦公室收到一張卡片，是吳太太親手寫來的感謝卡，讓佳君辦公室團隊看了非常感動，覺得一切的辛苦都是值得的，有了回報，也讓服務團

用最單純的心行善

隊有了繼續協助其他人的動力。

　　起初佳君和志雄只是單純的協助別人，雖然花了很多時間，但自己反而得到更多；我們如果有能力去幫助別人，更要發揮自己的力量去幫助別人度過難關。

生命的不圓滿成為付出的動力

　　有一位高中女生名叫吳欣儀，從小就被生父遺棄、加上母親因吸毒而憂鬱自殺，直到國小四年級，外公才收養她。沒有歡樂的童年，從小為了湊學費念書，必須靠自己到處拾荒，把撿回來的資源回收品變賣後才有錢上學。她的母親懷孕生下她時，還遺傳了皮膚病給她。

也許你會認為吳欣儀過得並不快樂，其實不然，她很勇敢的拋開童年時期的不愉快，也不怕被同學取笑。上了國中之後，受到國中老師的鼓勵，開始擔任志工，幫助他人。她說過一句話：「一旦付出後，就難以自拔。」念高中後，她更積極投入志工行列，還在班上擔任班長、輔導股長、司儀隊副隊長、青春活動隊隊長、校園活動主持人、到安養院照顧老人，也擔任青少年成長營志工。2009年八八風災時，她也放棄打工賺取生活費、學費的機會，投入救災行動。她曾說過：「我的童年並不圓滿，不像同年紀的小朋友有個圓滿的家庭，這些挫折反而是我進步的動力，造就今天的我。就算曾經埋怨、曾經痛恨，我也要化為力量，讓自己過得快樂，也讓別人快樂。」

用最單純的心行善

親身投入為別人服務或是提供協助，是最真誠的心意。吳欣儀就像一位樂於助人的小天使，親自飛到需要幫忙的地方去服務大眾。當志工時，她就好像多了一雙手，擁有可以安慰他人的力量。她曾經接到來自四面八方的感謝，這些都是支持他繼續投入服務大眾的動力。

　　我們經常會有一種想法，那就是自己的事情好多，又要去幫忙別人，實在很累，可是當我們全心投入時，這些辛苦又都會煙消雲散。

　　幫助別人是件快樂的事，陳樹菊、吳欣儀都盡自己的能力無時無刻協助他人，志雄與佳君也在自己的崗位上默默付出，他們得到回饋時，那種快樂是筆墨難以形容的。

花蓮縣玉里鎮有一位外國神父劉一峰，只要是哪裡需要協助，都會看到他的蹤影，他經常開著小貨車，帶著工作人員，協助民眾做資源回收，還親自下菜園，採收熱心民眾提供的種子摘種的空心菜，除了保留部分青菜給啟智中心的院生，劉神父會馬上將新鮮的菜送到貧苦家庭，幫他們節省菜錢。他最大的心願，就是要照顧身心障礙的小朋友一輩子。

　　劉神父二十六歲來到台灣，至今超過四十年的歲月，他人生最黃金的歲月都奉獻給了台灣，他苦心經營的教堂成為學生們最喜歡來跳舞和打電腦的地方，閱覽室也開放給民眾看書和休息，劉神父喜歡幫助人的特質，成為玉里鎮民最好的朋友。他的精神讓很多的台灣人受感動，他是一位這麼愛台灣的外國朋友。

用最單純的心行善

古代也有很多樂於助人的故事，一直被流傳到現在。宋朝有一位學者叫王昭素，他為人敦厚善良，樂於助人。王昭素自小好學，受到鄉里人稱讚，也得到敬重，鄉里人發生爭執，不會找官府理論，反而會找王昭素來解決。每次買東西，他也從不與人講價還價，鄉里人都奔相走告：「王先生購買東西從不還價，我們都不能向他要高價。」

　　王昭素的家中養了一頭驢子，有很多人都來向他借驢子用。他要外出時，一定先問僕人：「有沒有人來借驢子呢？」僕人回答：「沒有。」他才放心出去。他怕自己外出後，借驢子的人會找不到他，一切都先為別人著想。王昭素的學問和德行都如此深厚，在民間的聲譽很高。宋太祖趙匡胤向王昭素請教治理

天下道理，王昭素告訴他說：「治天下，莫如愛恤百姓；養身體，莫如寡少嗜欲。」

也就是說，要治理天下，一定要愛護百姓，要養身，就要欲望愈少愈好，當然，樂於助人就可以得到快樂，也是最佳的養身妙方。

宋太祖希望王昭素可以留下來為官，但王昭素淡泊名利，志不在此，加上他一直樂於助人，死後受到後人的尊重。

用最單純的心行善

佳君&志雄小語

幫助別人的舉動其實只是隨手之勞，如果再加
上一顆真誠的心，就可以讓對方感受到無比的
溫暖。凡事設身處地為別人著想，如果可以體
會對方陷入困境時的無助，我們就會感受到別
人伸手相助的溫馨。

5

朋友是一輩子的寶藏

「沒有永遠的敵人、只有永遠的朋友」，會跟你競爭的對手通常很可能就會成為你的好朋友，因為他帶給你努力的動力，從另一個角度來看，他不就是你的好朋友嗎？

　　志雄在雅典奧運金牌戰的對手，是伊朗隊實力最強的哈迪，在那一場金牌戰之前，志雄跟哈迪很少在擂台上遭遇，因為兩人分屬不同量級，要不是志雄決定越級挑戰，他不會跟哈迪交手。這位強勁的對手一直是志雄挑戰奧運金牌的威脅，為了準備跟哈迪在奧運決戰，志雄花了很長時間準備，除了要研究對方的打法與可能施展的戰術外，最重要的還要彌補自己體

格上的劣勢，才有辦法成功打敗哈迪。

　　在比賽擂台上哈迪和志雄是勢不兩立的對手。雖然，最後志雄還是在奧運會上輸給哈迪，但兩人賽後卻成為好朋友。哈迪知道志雄為了國家榮譽承讓的故事，他很敬佩志雄的行為，雅典奧運金牌戰之後，哈迪給了志雄一個大擁抱，還稱讚他是：「最偉大的跆拳道運動員。」

與敵人共舞

　　求學時，同學之間功課上是競爭關係，表面上好像是敵人，但並不是真正的敵人。就像是志雄跟哈迪之間在運動場上亦敵亦友，反而成為自己努力鞭策的動力，沒有互相嫉妒，只有互相鼓勵。

朋友是一輩子的寶藏

有一句話說：「沒有永遠的敵人」，台灣也有一句俗語「不打不相識」，都是在說明我們不會有一輩子的仇人，只是會有一輩子的朋友。

　　中國的田徑跨欄名將劉翔與美國的強生，這兩位跨欄好手都希望在2008年的北京奧運奪金，但兩人始終保持亦敵亦友、惺惺相惜的風度，還不忘稱讚對手，相互勉勵。強生贏得1996年奧運金牌、7次贏得室內及室外田徑賽的世界冠軍。他曾經說：「見到劉翔跑出佳績，我真心為他高興；我想，他對我應該也一樣。」已經三度參加奧運的強生受限於語言障礙，與劉翔的對談並不多，但仍有許多可以表達尊重的方式。一個眼神、一個肢體動作，都可以表達兩人之間的尊重。他對劉翔的尊重，也讓彼此之間的競爭傳為

佳話，後來劉翔因傷退賽，強生更為失去一位同場競
爭的對手而惋惜。

處處與人比較，是痛苦的根源

　　《三國演義》裡描寫的周瑜與諸葛亮，則是另一
種對比強烈的例子。周瑜是有智謀、勇力的英雄，可
惜在周瑜的時代中，出現了諸葛亮，諸葛亮樣樣都比
周瑜厲害，周瑜妒恨交加，想盡辦法要置他於死地，
但諸葛亮每次都能將計就計戲弄周瑜，最後更把周瑜
活活氣死，周瑜臨終前還講了一句名言：「既生瑜，
何生亮？」

　　我們應該學習諸葛亮，他比周瑜多了一份智慧，
並且對自己與外在環境有全面性的觀察與了解，這份

朋友是一輩子的寶藏

智慧使諸葛亮對生命有了一種特別的觀點，可以透視別人的內心世界，這就是諸葛亮和周瑜最大的差別。

周瑜只看到別人，看不到自己。周瑜少了反觀自我的智慧，他無法在面對困難時看到自己內在世界的需要。「既生瑜，何生亮？」說明周瑜的人生只是不停與人比較，缺乏與人相互尊重的精神，這就是他痛苦的根源。周瑜只在意生命中的順境，而拒絕體驗生命中的逆境，順境時不會感恩，逆境時只顧怨恨，當然痛苦。不知感恩的人，不為自己所擁有的事物滿足，必然是痛苦的人生，所以周瑜才會被諸葛亮氣死。

我們當然不要學周瑜，因為他拒絕承認失敗，而且自視很高，現實生活中，有太多人的聰明才智或是

能力都高過我們，我們應該更謙虛學習別人的優點，能超越別人固然是高興的事，就算輸給對手，也讓自己得到寶貴的經驗，何樂而不為呢？

　　志雄與哈迪、劉翔與強生、甚至三國時代的周瑜與諸葛亮，這些人物看待自己對手的態度與風度，可以影響我們的一生。在體壇、政壇，甚至在各個專業領域，都沒有永遠的敵人，因為他們都是可敬的對手，如果我們用正面的態度去面對，就會像志雄、劉翔一樣，結交到很好的朋友；如果跟周瑜一樣，不但朋友交不成，還會讓自己遺憾終身。

朋友是一輩子的寶藏

什麼叫作朋友？

我們應該用哪些正面的態度與朋友相處呢？試想一下，在日常生活中，除了家人之外，朋友與我們的互動非常密切，大家有沒有想過，朋友相處之道是什麼呢？大致上，應該有以下三種態度：坦誠相對、互相信任和互助互愛應該是最重要的。

這三件事看來容易，但是要做到並不是一件簡單的事。坦誠相對是朋友之間相處的不二法門。一段友情如果缺乏了坦誠的要素，就不可能被稱為珍貴的友情。

想要人家怎樣對待我，我就先要怎樣對待別人。

朋友間更應該互相信任，若雙方都不信任彼此，這根本就不算是友誼。朋友、同儕相處之間免不了會

有是是非非，若是因為聽到一些閒言閒語就不信任朋友，而影響友情的話，你認為值得嗎？

若信任你的朋友，友誼才會長存，亦不會因此而有所爭執。彼此之間的信任愈多，代表了跟朋友的感情愈濃厚。

互助互愛，也是朋友相處之道的一個重要因素。如果你和某人是朋友，你們就會互相幫助，互相關懷；相反地，你和某人互不理睬，互不關心，這樣就好像在路上的陌生人，互不相識。又怎麼能稱為朋友呢？

常言道：朋友是用來互相幫助和關懷的。當你有困難，需要別人幫助時，你的朋友就會自然的伸出手來援助你和支持你。

朋友是一輩子的寶藏

好朋友在我們的一生中是很重要的，他們可能會是你的同學，或是未來職場上的工作伙伴，無論是小時候或長大以後，或多或少一定會有朋友在你身邊。所以跟朋友相處，應當相互尊重對方。既然是朋友，雙方在特定的時期就有相同的境遇，並有美好的感受。所以在自己能力所及的情況下，朋友有困難，應當幫助朋友一把。

　　求學階段，同學就是你的好朋友，在課業上一起學習，互相研究功課，相互勉勵。一起參加社團活動，志同道合，為共同的興趣相互切磋，尊重及容忍、相互協助與鼓勵。所謂「教學相長」，就可以得到很多珍貴的友誼，而這份友情會伴隨著大家一起成長。

真正的朋友，可以帶給你積極奮發的處事態度，能夠幫助你眼界遼闊、心胸開朗；並且帶給你勇氣、希望、智慧和力量。在逆境中，他引導、鼓勵你朝積極、正面、建設性的方向發展，他是你生活中重要的支柱。在遭遇挫折時，可以適時陪伴在你身邊，不會讓你感到孤單無助。

好朋友是值得珍惜的，朋友有困難時，我們應該協助對方樂觀向上，幫忙對方脫離低潮，適時的給對方鼓勵與安慰，這些很簡單的小動作，卻是保持友誼的最佳方式。

看看志雄與哈迪的例子，他們是相互競爭的對手，在比賽期間，他們一定沒有太多的互動，但一定保持亦敵亦友、相互競爭的關係，他們必須更了解對

朋友是一輩子的寶藏

方，才可以從競爭的關係中取勝。

劉翔與強生也一樣，可貴的是這些運動選手都保持良好的風度，他們不會去攻擊對手，不會去謾罵對手，大家都在公平的起跑點上各自努力。所以，他們都可以成為好朋友，無關國籍與膚色。

在學校裡，同學們是關係最密切的人，大家除了在功課成績上比來比去，誰的數學好？誰的英文最高分？跟同學還會保有真誠的友誼嗎？在大家競爭的過程，如果保有同學之間的友誼，不但課業可以獲得進步，感情也會愈來愈好，這種好朋友可以成為知音，在人生的各個階段，如果都有知音陪伴，會得到各種不同的人生啟發。

真正的好朋友會告訴你，你的缺點是什麼？你

的優點在哪裡？當你失敗時，有沒有好朋友陪在你身邊，甚至告訴你失敗的原因？好朋友會陪你一起檢討失敗的原因，並且度過人生各種難關。這才是朋友該扮演的角色。你的身邊有這種同學或好朋友嗎？如果你找到可以幫助你成長的好朋友，甚至是可敬的競爭者，那麼你的人生就會充實快樂許多。

在人生各個階段，或許會遇到與自己個性不合的人，或許他們會在你的背後說壞話，或許對你有些不滿，不要因此就惱羞成怒，應該先了解他們的想法，再問自己是哪裡讓人誤會了，是態度？還是說話的口氣？每個人的成長背景不同，所以解讀可能也會不同。因此只要你用寬容真誠的心對待他們，他們自然就會卸下心防接受你，與你化敵為友。

朋友是一輩子的寶藏

志雄小語

成績的好壞不是衡量個人價值的唯一標準，所以不要讓成績左右你的心情。考得好，值得鼓勵；考得不好，跟好朋友分享低落的心情，並檢討原因，那麼得失心就會降低很多。跟你在考場中競爭的同學，不是你的敵人，而是互相砥礪的好朋友，只要用心就可以找到好友相伴，度過人生的低潮。

6

分享自己的幸福

只要努力、對自己有信心，無論扮演什麼角色，只要用心，一定會成功。

　　把自己的生涯規畫往後推遲，原因是為了服務體壇，很多人難以置信，也不看好他步入政壇的表現，但是志雄卻辦到了。他在立法委員任內，問政風格頗受好評，也得到多數民眾的認同。他的努力證明當年選擇從政並沒有錯，而且運動員也可以成為一位優秀的政治人物，提供民眾更多的服務。

　　雅典奧運後，志雄成為國民英雄，尤其是他謙沖自牧的精神，得到國人的尊重。他原本計畫出國深造，攻讀博士學位，讓自己的學業更上層樓，這個計

畫在他當選國選手時就已經規畫好，只等奧運一結束，他就要偕同未婚妻佳君赴美國繼續攻讀運動管理領域的博士學位。

　　一次的因緣際會讓他改變了原本的夢想。從政的計畫讓他不得不重新規畫自己的未來。經過一段時間的思考，他答應接受國民黨徵召，成為不分區立法委員。在他答應接受徵召之前，心情其實經歷一段很大的起伏，志雄沒有想到這麼快就踏入政壇，如果婉拒這次機會，體育界就少了一份力量，少了一個聲音；如果從政，學業必須延後，博士班何時能讀都還不知道。他整整思考了一個多星期，重新安排自己的生涯規畫，並且接受親友的支持與鼓勵，他才下定決心轉戰政壇，朝向另一個全新而且陌生的領域接受挑戰。

分享自己的幸福

菜鳥立委虛心上場

　　志雄說：「以前也有體育選手從政的例子，但都沒有辦法做得長久，我希望我可以盡一份力量，換個跑道，為體育服務。」黃媽媽當時也說：「志雄對於是否要從政，已經和家人討論過很多次，家人都希望志雄從政之後，可以有機會替社會大眾服務，至於原本打算到美國攻讀博士的計畫，只能暫緩了」。

　　志雄不但努力學習、虛心請教前輩，他還把跆拳道擂台上的比賽經驗運用到政壇上，他說：「畢竟當年我還是新人，還有很多事情需要學習，第一會期先學習，接著就要選對議題出擊，最後再確保戰果。」他表示，「體育界這麼多年來，都是我最忠實的啦啦隊。」

在第一次立委任期，志雄是政壇的一張白紙，這與他在跆拳道擂台上十多年的比賽資歷相比，他得更加用心學習。要踏進立法院之前，他就下定決心，要把三年立委任期當成跆拳道擂台上三回合的比賽，以謹慎、平穩的心情面對，他認為，既然代表體壇進入立法院，就要當一位稱職的體育立委，為體壇謀福。

他在第一天報到時，就跟未婚妻佳君選擇穿運動服走在象徵新人報到的立法院紅地毯上，他不是標新立異，而是向大家宣示，他要當一位專業的體育立委。

志雄第一次上台質詢時，就面對昔日長官的體委會主委陳全壽，他針對體育預算、國訓中心、體委會合併、北京奧運備戰、菁英選手培訓等面向質詢陳

分享自己的幸福

全壽，他「禮、理」兼顧，就事論事針對體壇現況向陳全壽討教，質詢過程平和、沒有政黨對立的火藥味及意識形態，將近十分鐘的過程，沒有對陳全壽「失禮」，但也沒有忘記為體育界「爭理」，為運動員從政立下一個好的典範。志雄的口才及反應經過自我訓練，比當選手時成熟許多，面對媒體已脫青澀，應答謹慎以對，一點也不像菜鳥。

在立法院的前三年，志雄天天都在學習，對法案程序從完全不熟悉到親自翻查各項議事規則，他得先弄清楚法案產生的程序，才有辦法推動各項法案。

除了制訂法案之外，立法委員還扮演為民眾服務的角色，志雄在自己的鄉里設了服務處，招募了服務團隊，開始展開為選民服務的工作，他勤跑基層，傾

聽民眾的需求，進而為大家解決困難。

　　志雄從運動員慢慢轉型為政治人物，靠著努力與真誠，扮演好自己該有的角色。就像一位剛入學的小學生，他有太多的功課等著去學習。

　　志雄不時對著鏡子念質詢稿，把每一段內容完全弄懂，才會走上質詢台發言，他不譁眾取寵，不標新立異，一步一腳印靠著努力來建立屬於自己的問政風格。

分享自己的幸福

在第一任不分區立委任內，為自己建立了清新的形象，三年任滿，志雄再獲提名，準備接受真正的民意考驗，他從不分區立委轉為區域立委，想連任得要有民眾投票支持。對志雄而言，這才是另一個境界的挑戰。

他說：「就像運動員一樣，只要參加比賽，就會碰到不同的對手，你沒辦法挑選你的對手，只能好好面對他的挑戰。」志雄第一次面對民眾，要去累積自己的選票基礎，就跟三年前他接受徵召擔任不分區立委一樣，志雄的連任之路不被看好。

競選對手是位政壇資歷豐富的老前輩，志雄只是三年資歷的年輕立委，不過，這些看似缺點的內容，最後成為志雄最大的優勢。他平日勤跑基層、熱心服

務、認真問政已經得到很多回響，年輕反而是他的最大優勢。他可以沒有包袱的施展自己的理想，加上形象清新，帶給民眾對立法委員不同的感受。

一場看似苦戰的選舉，志雄打了勝仗，成功的要素很簡單，就是真誠加上努力。

志雄放棄到國外攻讀博士學位，選擇投入政壇、重新接受挑戰，從當年沒有人看好，到現在奠定了基礎，這就是「把小我化為大我」的無私精神，讓他選擇擁抱人群。之後，他並沒有放棄充實自己，在台灣他也考上博士班，利用從政的空檔，到學校念書，時時刻刻沒忘充實自己的學問，才可以為大眾做最好的服務。

分享自己的幸福

放掉部分的自己

　　如果我們能在擁有個人的幸福之餘，也將自己的幸福與別人分享，那麼，一定會更幸福。身為現代人，能有餘力服務人群，可說是一種幸福的指標。犧牲一些自己的精神或物質，投入建立祥和社會的工作，可能是現代人很重要的一種思維、責任。志雄其實就是本著「出自於體育、用之於體育」的精神，希望能為體育界多做一點事情，以回饋地方的初衷，做出從政的決定。

　　他說：「當我還是選手時，國家栽培我、社會大眾支持我，我應該回饋給大家，為民眾做些事。」尤其是在國會殿堂非常需要運動員出身的專業立委為體壇發聲，志雄決定扮演好這個角色。從運動員到從

政之後，志雄學習到很多待人處事的道理，從政這些年，志雄體悟到凡事一定都要用心去做好，才不會辜負人民對他的期望。

分享自己的幸福

志雄小語

「放棄小我、完成大我」的服務精神並不是每個人都辦得到，必須先要有把大眾利益擺在第一的情操。在這個過程中，不要怕困難，只要意志堅定，照著自己的理想前進，一定可以達成目標，並且得到應有的尊重。

7

分數的意義

有考試就會有分數的高低，到底「分數」代表著什麼意義？其實很難有一個明確的答案。不管如何，分數只是學習過程中的一個檢驗，重要的是，有沒有把握學習過程，把不會的弄懂，把分數當成自我檢測的工具，才可以明白自己的學習有沒有效率。

　　學生階段要學習的東西太多了，不是每一樣都可以用分數來評量，雖然分數有它存在的意義，但不見得可以評量出每一位同學的學習能力與潛力。

　　如果在學習的過程中，能按照自己的速度與興趣，快樂學習自己想學習的東西，培養自己「自主學

習」的動機與能力，那麼，在進入社會後，適應力與突破困難的能力都比較高，相對地，也容易帶來較高的成就。

過去多半是強調制式化的教學，透過這些系統性的課程，可以建立扎實的基礎知識，因此學校考試的分數，就有參考價值。

但是，學習不該被這種僵化的制度限制，應該有更自由的發展空間，如果可以跳脫以往重視分數的思考模式，考試的分數就沒有太大意義了。但是，學習的過程還是得投入，只不過是檢驗的形式不同而已。

志雄從小就練習跆拳道，國中進了體育班，整天除了練拳，還是練拳。在課堂上，他有一科很喜歡的科目，那就是數學。志雄的數學成績不錯，考試的分

分數的意義

數也不低，這是他除了跆拳道之外，覺得最有成就感的一件事。

人生處處有人幫你打分數

　　志雄從數學學習上得到樂趣，也找到在課堂上的自信，他把這份自信轉化成練習跆拳道的動能。他的數學成績不算全班頂尖，考試分數也不是都拿一百分，但分數對當年的他而言，是一種肯定，高低並不重要，因為這是志雄在跆拳道之外的另一種成就。

　　他與佳君結婚後，兩個人都成功的從運動選手轉型為民意代表，在從政生涯中面對的是另一種「分數」的考驗。從政要先接受民調、看看自己的民意支持度，接著再接受選舉的考驗，驗證自己的得票數高

不高，夠不夠跨越當選的門檻，他們得到愈高的民意支持度，就表示選民給他們打的「分數」愈高。

　　志雄在學生階段的數學成績，是他在跆拳道之外所獲得的重要成就感，雖然不見得都是滿分，但那個分數是支持他繼續學習的重要動機之一；從政後的民意支持度，對他也很重要，「分數高要保持、分數低要檢討」，才能讓自己進步。

　　人生有許多的問題，都沒有固定答案，學校的考試有正確答案，如果想要滿分，就要在考卷上寫出「會得分」的答案；但在一生的學習過程中，有太多地方是要去尋找答案的，不一定是在考卷上，哪一種重要，就看自己如何取捨？就像學生時期的志雄追求數學成績，從政時期的志雄追求選民的支持率一樣。

分數的意義

分數是摸索學習方法的動力

　　人生是慢慢摸索與適應的過程，而學習之路也是一樣的道理。分數的重要性不在於要得到滿分，而是在摸索的過程中，可以透過分數讓我們思索、理解、改變，而且得到了成長。

　　有一個小故事，經常被人們拿出來講，卻很有意義。

　　有一位中學生拿了一張「零分」的考卷給媽媽簽名，孩子的母親仍保持著笑容說：「兒子呀！老師說要蓋章，你就一定會拿來蓋章。你是個好孩子！」

　　後來媽媽問兒子考試題目難不難呢？兒子竟說：「不難呀！因為老師說：『考卷寫好可以去打籃球。』以我的速度，寫好了，球場必定已客滿了，所

以我只寫了名字就去打球了。陽光又好，球場上那時只有我一人，好愉快喔！反正考卷一定會發下來，回家再寫也是一樣。」

　　媽媽終於明白自己兒子為什麼會考零分，原來是想利用時間去快樂打球，兒子不在乎當時的分數，認為只要事後弄懂題目即可。原來媽媽常告訴兒子：「事後把考題全弄懂，跟考滿分的人一樣棒。」

　　還有一個故事，有一次哥哥數學只考八分，氣得不想讀普通高中，想轉到高職去。媽媽說從前大專聯考，被錄取的人也有數學是個位數的。只要有分數就有希望。兒子在媽媽的鼓勵下，從八分、十六分、數學成績一步一步往前進，終於在高三下學期初通過甄試，上了大學。

分數的意義

　　所以，如果沒有分數，好嗎？也不見得喔。如果有一場棒球賽，沒有局數限制、沒有比數會好玩嗎？這樣的比賽還有什麼意義呢？就是要有分數，比賽才會好看，所以分數是對自己的極限、對自己的挑戰！

學生生涯不只是為了一張紙，一張成績單。在學校裡，更要學習與人相處、學習如何運用知識，和以後走出校門的積極態度。

　　找到讓自己學習的動機，才有可能讓學習更有樂趣。志雄學習數學，因為他可以從這裡得到成就感，不會讓大家認為他只會跆拳道；數學成績好，也會讓同學們羨慕志雄，這樣他就有了比其他同學更多的優越感。

　　台灣的學生在學校的學習成就普遍都比美國高，美國的學生學科測試成績只算中等，但他們卻有很高的白信心，而且解決問題的動機也很強烈，分數是高是低，只是評量自己學習過程的工具。美國的學生比較重視如何發掘問題，如何去解決問題。

分數的意義

大家能夠運用知識，才能將知識的效益顯現出來。所以，有很多教育專家都認為，只要對自己有信心，遇上不會的問題，也要相信自己能夠解決，認為自己能突破困境，這樣的人才能邁向成功。

　　想一想，你有沒有這些特質在身上？

　　紐西蘭的學生認為上學只是學習生涯的一部分，校長還要確定每天學校功課會不會影響孩子的「社交生活」、「生活作息」和「運動時間」。因為長時間的上課、補習，會讓學生的學習產生倦怠，導致不會思考。

　　台灣的學生每天忙著上學、寫功課、應付考試的時候，紐西蘭的中、小學生每天九點上學，三點放學。台灣的學生回到家的時候，父母親通常會問：功

課寫完了沒有、考試考得怎樣？紐西蘭的家長往往是陪著小朋友，一起上音樂課或游泳課。

當然這些例子不見得全然可以運用在我們的學習環境上，但這種學習的精神卻值得我們效法。我們一定要記住：「考試只是評量的方式之一，不是唯一的方式，更不是最好的方式」。

人生是一場馬拉松

人生不是只有一場贏在起跑點的百米衝刺，而是一場與自己賽跑的馬拉松。學習，需要擁有終身學習的動力及習慣，求學時應多發問，多了解事物的本質，不要只是為了應付考試而反覆訓練，讓自己變成只會填寫答案的機器。用開放樂觀的心態來看待考試

分數的意義

分數，把它當成陪伴自己學習的動力來源，分數的高或低不代表個人的智力程度，學懂自己該懂的知識，日後才能受用無窮。

　　台灣教育一直都只強調筆試，考的是前人的經驗與知識的累積，分數高低代表的意義不大。而且強調分數的筆試制度很容易忽略了培養學習生涯中最重要的創造力、想像力、合作團隊及解決未來問題的能力。如果在學生階段沒辦法學會「認知」，就無法因應科技進步、經濟發展、社會邊變所帶來的變革，太重視考試分數，會讓自己沒辦法對問題作深入的了解，更別說要有解決問題的能力了。

　　除了分數之外，在學校要學習的事情實在太多，這些事情並不需要用分數來評量學習的成就，除了學

業知識之外，還要學會處理人際關係、如何與同學合作、解決問題的能力及創造革新、勇於冒險的精神等。人生不會只有考試而已，離開學校之後的考驗才正式開始。

分數的意義

志雄小語

如果我們認為分數不能決定一切，那麼就要具備認真學習的態度，因為它比考幾分來的重要，當然還要具備求知識的熱情與精神，多多發問，開發自己的潛能，而且要清楚自己在求取知識的過程中所犯下的錯誤，馬上改正，便能抵得上無數次的考試，最重要的一點就是：千萬不要放棄自己，這是讓你的師長、父母最難過的事。

8

點點滴滴的累積

台上一分鐘，台下十年功。

成功沒有捷徑，只能靠一步一腳印奮鬥，成功才會屬於你。

今天的成功是靠昨天的累積，明天的成功則有賴於今天的努力。很簡單的道理，卻有很多人忽略它。

真正的成功是很多個過程累積而成，是將勤奮和努力融入在每天的生活中、工作中。如果我們能建立起一個好的工作及生活習慣，就是在累積自己成功的資本，就跟在學校求學一樣，如果每天都依照進度學習，不偷懶、不走捷徑，知識就會不知不覺累積在自

己的腦海中，學習就會更有效率。

不要只做表面工夫

當佳君決定參選縣議員時，懷有身孕，投票日也跟預產期很接近，初次參選的她沒有群眾基礎，也沒有民眾認識她，大家對她的印象都停留在「跆拳道國手」，佳君一點都不在意，她說：「我會讓大家記得我。」

佳君的方法很簡單，挺著大肚子，每天排滿行程，去菜市場、火車站，只要有人潮的地方，就可以看到她向民眾微笑、鞠躬，尋求選民的支持。就這樣，靠著點點滴滴的努力，她贏得了選民的支持，順利當選縣議員，成功轉換跑道。

點點滴滴的累積

不管在生涯的哪一個階段，我們都要做自己的主人，知道自己現在身在何處，現在應該要有什麼樣的表現。選手時期的佳君堅守自己的本分，努力訓練，扮演好自己的角色。從跆拳道退休後，她決定從政，也明白自己該扮演什麼角色，在政壇從零開始起步，靠的就是自己的堅持，她一直都在當「自己的主人」。

　　如果是學生，就應該努力用功、認真充實自己，為自己的未來累積實力；踏入社會工作之後，只要時時留意身邊事物，凡事不要眼高手低，從基本的小處著手，必然會成功。

　　佳君靠著雙腳，成功開拓自己生涯的另一個階段，當年如果不是她挺著大肚子，彎下腰，放下身段

尋求民眾的認同，今天也不會有在「政治舞台」上的佳君。

　　有一位剛踏入社會的年輕職員，試用時期的工作態度就不積極，懶懶散散。有一天，他問老闆：「如果我很認真工作一個月，可以轉成正式職員嗎？」

　　老闆語氣緩和的回答他：「有一個溫度計，掛在一個很冷的房間內，你可以用熱手蓋住他，溫度計的顯示溫度會上升，可是房間裡面卻一點也不會溫暖。」

　　表面工夫大家都會做。如果佳君沒有靠自己的努力，民眾不會真正認同她，就像那隻蓋住溫度計的手，只會讓溫度計的溫度上升，整個房間還是冷的。

　　每個人都有無限的可能，不需要看輕自己，凡事

點點滴滴的累積

努力，一定會有成果，但你的努力必須實實在在，不抄捷徑。我們不必好高騖遠，為自己訂下遙不可及的目標，但也千萬不可以小看自己，任意糟蹋自己。

　　將負面的批評化為正面進步的動能，才能讓自己離目標更近。佳君決定從政時，也有不少人認為她「太年輕，沒有經驗」「運動員出身，哪能當好民意代表？」「沒有群眾基礎，誰會投給她啊？」很多對她不信任的批評紛紛出籠，但是佳君並沒有被擊退，反而當成自己努力的動力，她說：「我就是要做給大家看，證明自己有實力，不是大家講的這樣。」後來證明她做到了，一股不服輸的精神加上勤奮努力，她辦到了。

　　英文是很多青少年朋友的困擾。英文可怕嗎？

其實不然。我們只要複製佳君的精神，一定也可以學好。我們只要先有一個觀念：念英文沒有捷徑，只有花時間用心讀，才能學好。

中華奧會副祕書長黃瓊儀花了20餘年的時間專心學好英文，成為中華奧會英文最溜的「大師」；她以自己的學習經驗與大家分享，學英文沒有捷徑，必須用心才能學好。

黃瓊儀沒有留學的經驗，跟台灣多數學生學英文的背景都一樣，她的祕訣是什麼？其實在台灣，大家學英文的過程都差不多，她指出，念國中第一次英文考試時，只考了62分，成績是班上倒數，但是並未打擊她的信心。隨後，黃瓊儀轉到另一所國中，當時的導師就是英文老師，在導師的教導下，她開始對英文

點點滴滴的累積

產生興趣，黃瓊儀與英文因此「成為好朋友」。

對黃瓊儀而言，高中時期就讀的學校非常強調英文學習，現在已經升格為外語學院。那一段學生生涯才奠定了她的英文基礎。黃瓊儀當年是主修法文，英文只是她學習的第二外國語，學校上課一律以英文對談，她還去報名英文師資訓練班，培養自己英文教學的實力。

到現在，黃瓊儀還一直把自己的英文學習經驗與年輕朋友分享；先培養興趣、用英文思考、使用英英字典查生字等等。但是她強調，雖然有許多補習班強調可以快速學好英文，事實上，學好英文沒有捷徑，只有花時間用心學習，才能夠慢慢增進自己的英文實力。

黃瓊儀是一位在台灣長大的孩子，並沒有比你我擁有更好的環境，但是靠著自己的努力，一點一滴的培養出自己的英文實力，她可以辦到，你也可以。

點點滴滴的累積

不會讀五線譜的歌手

　　偶像歌手蕭敬騰也曾經歷過奮鬥歷程，才有今天的成就。青少年時期，他也曾逃課、打架，後來發現自己對音樂有濃厚的興趣，在堅定了自己奮鬥的目標後，努力不懈讓自己圓夢。國中二年級開始學爵士鼓，每天可以練習十幾個小時，一有時間就往練團室跑。高中二年級時，因為姊姊教他彈琴，一彈就彈出興趣，每天練八到十個小時。然後他帶著鼓棒，背著電子琴，走遍每一家餐廳推薦自己，為自己爭取演出的機會，他只想唱歌，努力達成自己的目標，他很勇敢的向大家介紹自己，不讓任何可能讓自己成功的機會溜過。

　　十七歲那年，他成為西餐廳的駐唱歌手，是全

店年紀最小的一員。他曾經從板橋、桃園、唱到淡水，一直讓自己的演奏及歌唱技巧在演唱經驗中更趨成熟。會打鼓，也會鍵盤樂器，蕭敬騰並沒有經過正統訓練，也不會讀五線譜，但他每天只要有空就會練習，最後他辦到了。

在兩年多的駐唱經驗中，他累積了豐富的演唱經驗，利用放學時間，四處趕場奔波直到深夜，曾一周演唱時數達50個小時，有時甚至沒有空檔進餐。

外人只看到他在歌唱比賽PK一戰成名，卻沒看到他今天的成就，並不是憑運氣得來的。

成功無僥倖，也沒有捷徑。這個時代樣樣要求快速便捷，很多人都忽略了基本功。如果凡事都抄小路、走捷徑、急切沒耐性，覺得「一步一腳印」太累

點點滴滴的累積

了，也太笨了，最好是一飛沖天，如果有這樣的心態，摔倒的機率很高。

凡事講求效率是正確的觀念，不過，有很多事情是急不得的。天下沒有白吃的午餐，要靠扎扎實實的努力，鎖定目標後，用正確的方法一步一步的走，成功沒有其他捷徑。

機會是給隨時有準備的人

美國名校哈佛大學的校訓只有簡單一句話：「隨時準備著，當機會來臨時，你就成功了。」成功的祕密在於，當機遇來臨的時候，你已經做好了把握住它的準備。對於那些懶惰者來說，再好的機遇，也是一文不值；對於那些沒有做好準備的人來說，再大的機

遇，也只會瞬間轉眼而過。

　　在你時時準備的行動中，你的能力其實已經得到了擴展和加強。佳君的成功參選，靠的就是天天準備與實際努力。她說：「我如果可以握遍每一位選民的手，拜訪過每一位選民的家，就可以真正感受到每一位選民的心聲。」

　　不管做什麼樣的事，大家的起點都是從零開始，只要保持積極向上、樂觀自信，我想任何事情都難不倒我們。每一天都是新的開始，但是不要活在對明天的空想

點點滴滴的累積

和對過去的留戀中。調整好心態把握現在，全力付出才是最實際的方法。

　　佳君就是保有「唯有努力、才會成功」的運動員特質。運動場上是最殘酷也是最現實的。苦練不一定會成功，但是如果你沒有苦練，一定不會成功。有多少成名的選手，不是靠著平日努力的練習和血汗的耕耘，才換來自己的成就？答案是：沒有！

　　奧運一百公尺在十秒內就跑完，觀眾們為冠軍選手加油、喝采。旁觀者有多少人會想過，在這不到十秒的全力衝刺之前，這些選手必須投入多少的準備？他們跑過上千萬次的跑道，為自己的比賽作準備，他們流過多少汗水，才能換來觀眾們的掌聲鼓勵。

　　「台上一分鐘、台下十年功」，想要成功，靠捷

徑、靠運氣嗎？取巧得來的勝利，基礎不會穩固，成

功的果實也不會長久，當然也不會得到眾人的尊敬。

你覺得呢？

點點滴滴的累積

佳君小語

你是否羨慕別人風風光光？是否想過別人風光
的背後，下了多少功夫？「腳踏實地」這四個
字，看似平凡，其實意義非常深遠。人的雙腳
本來就是要踏在土地上，一切才會真實，雙腳
穩穩的站著，才可以做到很多事情，站得愈
穩，付出愈多，得到的收穫愈大。

9 時間是生命歷程的縮寫

上天給每個人的時間最是公平，無論你是王公貴族還是平民百姓，「時間」的呈現一視同仁，每天都是24小時。

　　善於運用時間的人，可以完成更多想做的事；不會運用時間的人，只是讓機會從身邊溜走。

　　把握時間的觀念要從小培養，這樣你可以比別人更早規畫自己未來的志向，目標確定後，就可以全力衝刺為自己圓夢。

　　根據專家研究統計，「人生的黃金歲月多數是在三十歲之前」，因為三十歲以前的學習效果最佳，擁有可以自行分配運用的時間最多、體力也最好，所

以，我們如果可以把握這段黃金歲月努力學習、充實自己，對自己的未來也會更有把握。

　　選手時期，佳君經常代表國家隊出國比賽，在搭飛機、轉機的過程是最無聊的事，通常隊友們會選擇逛機場的免稅店、或是聚在一起聊天，要不然上了飛機就倒頭大睡。這些在選手打發時間的舉動，雖然也可以在佳君身上看到，但是她卻可以比別的隊友擠出時間來背英文單字。在她的背包裡，始終放著幾本英文雜誌，在她覺得有多餘的時間可以運用時，就拿出雜誌安靜的看。這在運動員身上其實是不常見到的。佳君卻抱持不同於他人的觀點，她覺得平日訓練、加上比賽已經占據她很多時間，她只能多利用空檔來充實自己。

時間是生命歷程的縮寫

佳君覺得學好英文是很重要的事，未來無論從事什麼行業，英文是必備的工具。她下定決心要在學生時期學好英文，把零碎的時間整合起來，她可以得到充分的運用，所以英文程度一直保持不錯，她是少數可以用英文跟國外朋友溝通的運動選手。

行動從現在開始

　　在選手、學生時期，佳君就開始思考自己未來人生的方向，但她並沒有急著為自己做決定，她只明白一點，不可能當一輩子運動員，她得培養自己的第二專長或是開發其他的興趣，她告訴自己，未來的路不是只有一條，只能盡力把握時間投資自己。

　　佳君一向認為，運動員其實是聰明的，「運動員

要打破長久以來頭腦簡單、四肢發達的印象。」只是多數運動員不懂得利用時間來開發自己的潛能，培養自己的第二專長，只要對時間運用稍加規畫，運動員也可以在其他領域有所成就。

「時間」是什麼？對很多人來說，「時間」就是生命過程的縮寫。

古人說：人生不過百。百年通常是一般人的生命極限，就算你有再多的金錢、珠寶，都不能換取更多的生命；可是，如果你節省了時間就等於增加了生命，而把握時間、好好的利用時間，更是珍惜生命的展現。

「時間」是抽象的、無形的、最無彈性、不能儲存，卻最容易浪費。時間通常都在不知不覺中流失，

時間是生命歷程的縮寫

你沒有辦法留住它。

世界上最公平的事，就是每個人一天都只有同樣的二十四小時。你有屬於自己的二十四小時，它只屬於你，你卻常常抓不住它，稍不注意，它就溜走。或許你會突然發覺一天又過去了，卻沒有做好什麼事情，如果你會自責沒有把握時間，表示你是一位「有心」的人，只要用對方法，時間仍是可以掌握的。

千萬不要在你浪費了今天時，就把一切寄望於明天，希望明天可以做好所有事情，可是到了明天你又寄望於後天，於是「明天」變成你夢想的無限伸延。

充分利用零碎時間，生命相對延長

運用時間很簡單，隨手培養好習慣，就可以辦

到。我們可以寫一張工作表，規畫一天要做的事情，這樣一來，手上握有一份工作計畫，就可以知道下一步要做些什麼事，而不用再浪費時間去思考到底要做什麼。

她的背包裡，除了訓練計畫之外，總是會多放一本英文雜誌，訓練的空檔或是休息的時間，她可以馬上做自己計畫好的事，日積月累，就鍛鍊出深厚的語文基礎。

一般人總是在玩樂之中、忙碌之中度過每分每秒，真正有效利用及掌握時間，知道的人大概不多。選擇自己最適合的利用時間的方式，確定好自己想學習的方向與目標，別再讓時間從你的掌心溜走。

懂得掌握時間、分配時間，你就可以更從容的為

時間是生命歷程的縮寫

自己做好生涯規畫，因為你比別人多了優勢，在相同的時間之內，你可以比別人做更多事。

志雄的選手生涯為國家爭取不少佳績，也領了國家給予的國家獎章獎助金，領了錢之後，志雄拿來做什麼用途呢？他一向對投資理財很有興趣，也一直在吸收有關理財的專業知識，並且掌握世界的財經趨勢與潮流，他把獎金部分存在銀行、部分拿來投資，為自己創造更多的收益。

志雄懂得投資自己，他的投資除了無形的努力向學之外，也包含有形的金錢投資。其實，很多三十歲不到的年輕朋友才剛走出校園，準備要創業，志雄比同年紀的年輕朋友提前起跑了一步。

他為什麼可以這樣做？因為他懂得分配時間，

不忘充實學問，他懂得珍惜時間，也懂得勤儉不亂花錢。跟他一樣的運動員其實不少，卻沒有多少人懂得提前做規畫，為自己的未來儲存資本。

我們可以從自己的興趣及能力找出適合自己未來發展的方向，才不會走出校園後無所適從。大學的四年是人生真正的黃金階段。生涯規畫可以在大學四年期間好好思考並努力去實踐。

如果你是在體育班就讀，除了學習自己的體育專長之外，更應該以志雄與佳君為榜樣，好好的利用時間充實專長以外的學識，或是培養自己的第二專長，才可以增加自己的競爭力。時間是寶貴的，就看你自己如何去運用，最重要的就是好好把握住時間的每分每秒。

時間是生命歷程的縮寫

曾經在威廉波特少棒賽締造六局十八次三振完美紀錄的投手陳昭安，高中畢業後就因為手臂受傷不再打棒球。可惜的是，他在求學階段沒有好好充實自己，走出棒球場之後，因為找工作不容易，生活並不順利。他規勸少棒球員，不要光會打球，還要注意健康，而且要好好念書，免得離開球場之後，學識太低而找不到工作。

　　十五歲代表我國在1988年漢城奧運踢下跆拳道示範賽金牌的陳怡安，她不但跆拳道踢得好，也懂得規畫自己的人生，把握時間好好念書。退休後她一度擔任電視台主播，目前專注在自有品牌的手工香皂產品上的研發，她成功的轉型，而且生活過得充實。

　　試問，你想當陳昭安，還是陳怡安呢？

或許你們還不太清楚長大後要做什麼工作，所以趁現在好好利用時間用功讀書，才不會後悔。生命是有限的，是一分一秒累積起來的，千萬不要讓時間白白溜走。

時間是生命歷程的縮寫

佳君&志雄小語

未來的路不論是升學或是就業，都必須先作生涯規畫，確定好自己的目標。如果可以早一點「選擇自己所愛」，目標確定之後，就全心全意「愛自己所選」，傾全力充實自己的競爭力，努力前進，才能夠幫助自己圓夢。

10

人生如意事常有一二

失敗並不可怕，可怕的是不知道失敗的原因，以及如何從失敗的低潮走出來。

很多人都會為自己的失敗找理由，或是感嘆時運不濟，沒有遇到賞識自己才華的「伯樂」，或是自己在準備過程中狀況不佳等等，在自己講出這些理由的同時，有沒有先想過：我到底付出了多少？我是不是真正努力過了？在努力過程中，我缺少了什麼？

反問自己：我努力過嗎？

拿考試來說，每次的月考、段考，自己有沒有做好準備？若成績考的不錯，表示在準備過程當中，可

以做到面面俱到；如果考得不好，考後有沒有檢討自己哪裡疏忽了？是老師課堂上的講解聽不懂？還是沒有下太多工夫去準備？如果可以坦然面對失敗，並且虛心檢討，一次的挫折並不能輕易打倒你，反而會成為激勵你下一次成功的動力。如果你從高處跌下來，更需要這股動力，才能幫你再出發。

志雄在2000年雪梨奧運為我國拿下跆拳道銅牌，成為全民英雄。雖然當時他被評估有實力為國家奪下金牌，但是他並沒有如願。比賽結束後，他坦承自己在比賽時過於大意，賽前準備也沒有做到盡善盡美。那時他就決定要在四年後捲土重來，可是當他想再拚一次奧運時，卻陷入運動生涯最嚴重的低潮，這個低潮整整困惑他兩年。一般人，可能早就打退堂鼓，不

人生如意事常有一二

想再試，但是他卻走出來了。

　　運動員陷入瓶頸後，有不少選手可以走出低潮，再創高峰，志雄一直到2002年釜山亞運，才再一次站上頒獎台最高點，重振雄風。

　　志雄是怎麼走出低潮的？我們先看身邊常見到的例子。

　　有很多同學會害怕某一個學科，通常這一科的考試成績是最差的，例如數學。我們常會聽到「我沒有數學天分、我沒有數學細胞」這種話，這些都是被拿來當作考不好的理由。

　　一般人如此，如果運動選手也是這樣，那在世界體壇上就不會流傳這麼多選手的傳奇故事了。試著把這一類東山再起的運動選手當成自己努力的榜樣，你

看見生命之光

會發現，達成目標其實並不難。

「失敗」對運動員而言是家常便飯。在運動場上，冠軍永遠只有一個，很少有運動員是一直處在巔峰狀態。拿冠軍可以很容易，但不容易年年拿冠軍。偉大的運動員在失敗後，可以很快的調整自己的心態、檢討得失，不把失敗當成藉口，反而會當成進步的動力，把對自己不利的因素化為有利，就會容易走出困境。

人生如意事常有一二

或許你會覺得好奇，為什麼這些成功者都會有一段辛苦的過去？而這段過去通常都是讓他們成功的關鍵因素。他們為什麼都會因為遇到挫折而得到更大的成就？原因在於他們並沒有浪費失敗所換取得來的經驗。

　　志雄曾經成功，起碼在雪梨奧運的比賽，他自己雖然不是很滿意，但整體而言，他已經是一位成功的運動員。他當時立志要在四年後更上層樓，這是他的目標。就像你這次月考考了九十分，而且是全班排名前三名，你決定下次月考要考更高分，因為你想要求進步。可是當你投下精神去準備時，卻碰到很多障礙和困難，這時候該怎麼辦？你想的是保持九十分就好？還是覺得反正都考過九十分了，下一次如果只考

八十五分也不錯啊？這種想法只會阻礙你進步，也是偷懶的好理由。如果換個思維方式，願意挑戰所謂的不可能，抱持「我一定要考九十分以上」的想法，或者根本沒想到失敗，具備了這種心理素質，就等於拿到了成功的鑰匙，比一般人更有打開成功大門的可能。

志雄的成功，正是因為他並沒有浪費失敗換來的經驗。在兩年的低潮裡，他依然埋頭苦練，腦海中雖然也浮現過放棄的念頭，但他提醒自己：「我不能就這樣被打敗，我的實力一定可以做到。」

台積電董事長張忠謀曾經說過：「要常想一二。」人生不如意事十之八九，何必去想這十之八九呢？當然是要常去想那如意的一二。志雄常想的

人生如意事常有一二

「一二」就是自己曾經擁有的奧運光環，藉著這些光榮的過去，他可以抵抗短暫的低潮。

越不可越之山，渡不可渡之河

如果對逆境採取積極的態度，那麼逆境會是你生命中的良師。在運動場上或生活中的英雄們，往往是歷經困境、克服困難後，成就偉大的人。他們所傳達的意念是：「為了克服逆境，必須把逆境當作是一種磨練。」用樂觀進取的態度，處理逆境或困擾，凡事往好的方面想，以積極、正向看待我們面臨的種種狀況，才能化危機為轉機。

雪梨奧運只獲得銅牌是志雄的遺憾，他承認在雪梨奧運無法封王是自己的疏忽，他說：「我努力調

整自己的心態，心想可以再來一次。」可是從雪梨奧運後，他卻輸多贏少。起碼有兩場大賽，他是慘敗下台。2001年的世界錦標賽，他在八強賽與南韓對手遭遇，在以六比一的領先優勢下，被逆轉落敗。2002年初的亞洲錦標賽，他還是被南韓選手擊敗。這兩年，志雄的心情起伏甚大，技術遭遇瓶頸，他想出國訓練又得不到經費補助，在國內沒有選手能打贏他，導引進步的誘因太少，因此他遭遇了低潮。

還好他走過來了。不服輸、持續苦練、心態更趨成熟及充分的準備，2002年釜山亞運，他在韓國打敗地主國選手贏得金牌，更是難能可貴。為了這一場比賽，志雄整整準備了八個月，他不僅研究戰術，更全心全力把自己調整到最好。重要的是，他並沒有被過

去的失敗所困擾，那些失敗經驗反而成為幫助他達成目標的最佳教材。

在國外，也有跟志雄相似的運動選手。有「香港車神」美稱的自由車選手黃金寶，在他選手生涯中，贏盡亞洲地區的重要公路賽事錦標，原本他被冠以「香港車神」，後來進階享有「亞洲車神」的美譽。黃金寶在2004年的雅典奧運也經歷了失敗，令他陷入運動生涯的低潮達一年之久。但他記取經驗，重新訂下2008年北京奧運的目標，比以往更努力練習，他想讓自己的選手生涯畫上圓滿的句點，他最後成功了，在北京奧運贏得最佳成績。

成吉思汗曾說：「越不可越之山，則登其巔；渡不可渡之河，則達彼岸。」每一場競賽都是在跟自

己挑戰、跟對手較量。在實現自我的過程中，雖然有無數高山惡水在前橫阻，仍然可以到達高峰、抵達對岸。

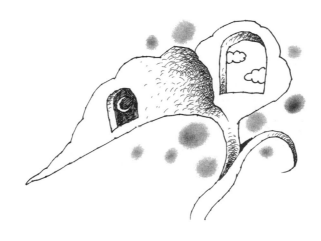

人生如意事常有一二

志雄小語

「面對挫折，唯一不能喪失的就是信心。」這句話要時時牢記心中，並時時提醒自己，才能讓自己用樂觀的心情來面對挑戰或是適應挫折。

11

放下身段，路愈走愈寬

做人好比上山採茶，採茶要彎腰低頭，就像做人處事，要學會放下身段；好茶要喝「一心二葉」，「二葉」代表認真和努力，「一心」代表時時刻刻將工作做好。

　　俗話說：「人外有人，天外有天。」我們不可能永遠站在世界的頂端。將眼界放寬，不要只專注在自己的成就上，保有謙虛之心，就會明白自己的不足，也更能欣賞他人的優點。

　　能夠放下身段、心存謙卑的人，並且可以把自己融入團體當中，才會讓人打從心底願意效法跟隨，才

堪是真正的領導者。

放下身段融入團體，人生多一點精采

　　志雄在2000年雪梨奧運已經贏得奧運銅牌，佳
君早在1998年就贏得世界盃金牌，兩人在當年中華隊
當中已經是屬於「世界級」的選手，很多隊友都沒有
達到他們兩人的成就。論成績、論輩分，志雄已經是
隊上的老大哥了，但是他自己卻不這麼想。「我是團
隊的一份子，大家的責任與角色都一樣，比賽就是要
贏，大家相互協助，要有團隊合作的精神。」2001
年，中華隊到日本參加世界盃，志雄是隊長，他說出
自己的感受。

放下身段，路愈走愈寬

跆拳道雖然是個人項目，但中華隊一直保持一項良好的傳統，就是「團隊合作」。只要被選進國家隊，就會被這種傳統氣氛感染，大家緊緊的團結在一起，共同奮戰。志雄很強調團隊合作，他更以身作則，放下身段、放下奧運銅牌的光環，跟隊友同進退，沒有任何特殊待遇。一切由自己做起。

　　只要懂得放下身段，你會發現那些在放下身段之前無法解決的問題，立刻迎刃而解。只要懂得放下身段，你就會讓自己擁有一個跟放下身段之前，完全不一樣的心境。

　　2001年的世界盃，當志雄的比賽結束後，他馬上為隊友服務，從飯店到比賽場地，可以看到他提著一

個大冰桶，裡面擺滿比賽選手冰敷時所需要的冰塊，也為學弟們拿護具，減少比賽前的負擔。佳君則是忙著為比賽選手熱身，提醒隊友的出賽時間，還要幫隊友張羅補充熱量的食物與水。在比賽熱身區，看到這兩位世界級的選手，忙進忙出，完全沒有大牌的驕氣。

這在跆拳道隊中是很平常的事，但要選手自動自發去做，卻不簡單。我們可以看到很多成名的體育選手，通常不自覺都會流露出驕氣，他們覺得自己是最好的，隊友們的成就都比他差，應該是比他差的隊友來為他服務，他怎麼可能為別人服務呢？但是，志雄與佳君都做到了。當時，台灣籍的約旦隊總教練陳

放下身段，路愈走愈寬

秋華看到後很感動，他說：「中華隊最珍貴的就是這股士氣。」所以要求約旦隊選手，要他們以志雄為榜樣，學會謙虛與放下身段。

這項傳統延續到2004年的雅典奧運，第一天出賽的朱木炎與陳詩欣，在全隊協助之下，專心出賽，最後為我國拿下兩面金牌。在全國都陷入慶功的狂歡當中，兩位金牌選手並沒有迷失自己。第二天，輪到志雄與紀淑如要出賽，比賽當天所有裝備都由朱木炎與陳詩欣負責準備，一大早就看到兩

位金牌選手拖著行李箱，走在志雄與紀淑如身後，他們是一個團隊，個人的榮譽是大家共同合作得來的，不專屬於個人的。

賣蚵仔麵線的大學生

曾經有一位成績很好的大學生，在學校的表現非常好，師長們對他的期望很高，都認為他將來一定有很了不起的成就。這位這位大學生畢業後數年，果然有了不錯的成就，但是不是當年師長所期望的那種成就，他不是在知名的大公司擔任重要幹部，而是賣傳統小吃蚵仔麵線賣出了名氣。讓很多人都覺得不可思議，一位這麼有才華的大學生，會去賣看似不起眼的

放下身段，路愈走愈寬

蚵仔麵線？為什麼會如此呢？

　　原來他在畢業後不久，家鄉附近的夜市有一個攤子要轉讓，他那時還沒找到工作，就先向家人借錢，把攤子買下來。因為他對烹飪很有興趣，便自己研究蚵仔麵線的做法，研發出讓客人喜歡的口味，他沒有到大公司上班，也沒有當公務人員，就在夜市賣起蚵仔麵線。

　　他的大學生身分曾招來很多不以為然的眼光，大家都認為他不應該做這份工作，可是他一點都不在意，從來不理會別人的看法，只是快樂的從事自己喜歡的行業，他從未懷疑過自己的能力，生意愈來愈好，他賣的麵線非常受歡迎。「做事要放下身段」這

是那位大學生的座右銘：「放下身段，路才會愈走愈寬。」

團體榮譽不是單一個人的功勞

團隊合作基本上有三種主要形式：第一種是共同的任務活動，大家一起參與並且要達成目標，例如各種比賽。第二種是用社會關係來呈現，關心對方的活動，例如同學之間的友誼。第三種是屬於參加共同活動所需要的協調，這種合作形式是因為許多活動無法一個人單獨完成，例如打籃球或管弦樂表演、合唱團等等。

團隊合作的精神時時刻刻都可以發揮，在校園內

放下身段，路愈走愈寬

參與各項活動，只要保持團隊合作，大家就可以完成共同的目標，只要大家同心協力，享受共同活動帶來的快樂，師生之間的關係會更密切。如果失去團隊合作的精神，比賽通常都贏不了，因為選手們並沒有真正領悟「團隊合作」的內涵。如果每個人都只保持自我意識，不能以無我的精神去投入，團隊就會陷入一種消極、被動、不知所措的處境，任何一名球員的特色與專長，都很難凝聚在團隊裡而成為一股戰力。

打籃球的經驗，讓我們都懂得團隊合作的重要性，隊友們要有融為一體的概念和經驗，不管是打三對三、還是正式的比賽，這些要素都非常重要。

打籃球是如此，打棒球不也是一樣嗎？上場的九

個人如果不能團結，很容易就會被對手攻破，還能贏球嗎？如果沒有團隊合作，就只能在順境中比賽，如果處於落後，想要「逆轉勝」將會非常困難。

　　任何的團隊比賽，選手的技術與能力無庸置疑是非常的重要，但是，「團隊合作」卻更重要。假使一個球隊沒有好的團隊精神，再強的選手與球技，最終還是贏不了比賽。團隊如果不合作，什麼都不用提了，有可能自己球隊內部就必須花很長的時間來平息爭議，根本難以集中力量來面對競爭對手。

　　團隊合作與放下身段其實同等重要，如果不能先放下身段，也就不必談融入團隊去跟大家合作了。如果你無法成功，最大的問題可能不是出在你不夠努

力，可能是出在你無法在關鍵時刻放下身段。無法放下身段的人，通常在關鍵時刻，仍然不屑去做不符合自己身分地位的工作，也會不屑向自己看不起的人低頭，這種人無論再怎麼努力，也無法獲得自己想要的成果。

放下身段，就是放下自己的家庭背景、放下身分，讓自己回歸到「普通人」。同時，也不要在乎別人的眼光和議論，做你認為值得做的事，走你認為值得走的路。

宜蘭羅東高中的新生訓練，有一段很特殊的活動安排，所有入學的新生都要用手刷洗廁所，透過「洗廁所」考驗，學習放下身段，謙卑惜福。這是羅東高

中的傳統，年年都會實施。

　　不靠任何工具，用自己的雙手去洗廁所，讓羅東高中的同學體驗了不同於其他同學的經歷，讓他們體會成熟的稻穗般180度彎腰這種「謙卑與感恩」的心境。

放下身段，路愈走愈寬

志雄小語

學習謙卑地放下身段，與周遭的朋友互相幫助，好好相處，表現團隊合作的精神，在校園裡或是在社會中，沒有一個人可以不依靠別人而能單獨存活。

12

開啟一扇生命之窗

在努力的過程中可以得到很多收穫，前提是不要輕易放棄，只要堅持到最後，就可以達成自己的目標。這個看似簡單的道理，卻不見得人人可以辦到，原因在於：「太早放棄了。」

佳君在國中時是跆拳道校隊，有一天，學校要招募新的隊員，基本測驗中有一項是立定垂直跳，教練向所有同學宣布：「如果跳得比洪佳君低，就無法入選。」

當時，佳君心想：「原來我是隊上最差的，只要能贏我就可以入選。」當下，她就下定決心要更努力，並對自己說：「雖然自己條件不好，但只要不放

棄，一定可以比
現在更好。」

　　這個念頭，
一直到現在都
還跟著佳君，從校
隊、國家隊到擔任民意代
表，她都無時無刻告訴自己：「Never
Give Up！」

　　每個人都有自己的潛力，如果不努力，潛力不會
變成實力。在發掘或是激發自己潛力的過程，必定會
碰上挫折，如果可以「再給自己一次機會」，不要妄
自菲薄，你可以從最差變成最佳。但要記得，一定要
隨時隨地提升自己的實力。

開啟一扇生命之窗

努力的過程比結果重要

1968年的墨西哥奧運會，非洲坦尚尼亞的阿爾瓦參加男子馬拉松比賽，他並不是最頂尖的選手，沒有受到太多的注意，當年的比賽過程中，他被其他選手擠倒，而且又被後面趕上的選手踩踏而過。當下他的膝蓋受傷、肩膀脫臼，已經不適合再繼續比賽，但他不放棄，重新站了起來，憑藉著驚人的毅力，忍痛跑完全程。他的比賽成就雖然不夠亮眼，卻讓所有觀眾懾服。

當時他的傷勢並不輕，有記者問他，「為什麼要堅持跑完全程？可以退賽啊！」他回答說，因為他的祖國並沒有完善的馬拉松訓練場地，他必須完成比賽，才能引起國人重視，就算是最後一名，他也要跑

到終點。他看著每位選手可以輕鬆超越已經受傷的自己，卻從未停下前進的腳步，他要讓坦尚尼亞的同胞知道在奧運會上的他，有堅持完成比賽。

　　退休後，他投入了馬拉松基層選手培養的工作，因為他在奧運會上的堅持，不但給了自己一個機會，也給了祖國一個機會。在他投入基層選手培養的過程中，受到更多的尊敬，讓這個非洲國度誕生了不少長跑好手，接替他在世界的舞台上發光發熱。

開啟一扇生命之窗

阿爾瓦跌倒了，但他給了自己一個機會，這個機會不是退賽療傷，而是跑完全程。他的實力得到了發揮，有了尊重也有了成就。

「半途而廢」是最差的選擇

國中時期的佳君也給了自己一個機會，她沒有自嘆不如，反而更加努力投入訓練，後來證明，她不但不是最差的選手，還贏得了世界盃的金牌，成為世界冠軍。如果當年她放棄了，後來的跆拳道舞台也不會有她的一席之地，就是因為不怕辛苦，靠著這股毅力，才讓她有了今天的成就。

很多的決定都是當下的念頭產生，有積極的、也會有消極的，如果佳君當年想的是：「沒關係啦，反

正一定會有人落在我後面。」這樣就不會讓她更上層樓。

坦尚尼亞的阿爾瓦當年如果想著：「我受傷了，跑不下去了，乾脆退場吧。」那麼，他的祖國日後可能就沒有這麼多的長跑好手。

這就是一念之間的觀念，不要放棄，運動場上要堅持與執著，求學的過程也一樣，隨時把握機會，加上樂觀且不服輸的態度，最終目的則是將學習態度與能力提升到最高。當你選擇開創一條屬於自己的道路時，就是你最佳的籌碼。

原子彈之父費曼一生都投注在科學研究，也得到極高的學術地位。大家知道嗎？在費曼的研究過程中，最讓大家佩服的地方，就是他從不輕易放棄的精

開啟一扇生命之窗

神。在研究過程中碰到的失敗，或是被其他科學家取笑他的研究不可能成功，費曼都不以為意，一路堅持自己的原則，成就了他今天的地位。

　　所以，不管你是處於領先還是落後，在一件事還沒有完成之前，千萬不要放棄。

　　「半途而廢」是許多人經常有的經驗，發明大王愛迪生曾經說過：「有許多失敗的人，並不知道他們放棄的時候，其實距離成功有多麼近。」這句話告訴我們，半途而廢其實是最差的選擇。

　　要避免自己半途而廢，除了要培養堅定的自信心之外，事前的規畫也很重要。佳君聽到教練徵選新人的那席話之後，就下定決心要苦練，不要當隊上的最後一名。要怎麼提升實力，要怎麼付出行動，她經過

自我的規畫，請教師長，跟隊友討論，練習時互相鼓勵，最後才能達成自己預設的目標。

不要忘記培養自己的實力

規畫最重要的前提是：「你未來想做什麼？」再依照自己的理想，發揮前進的能力與創意，這才是最重要的。要時時不忘培養自己的專業能力，才可以接受更多的挑戰。

求學階段，課業的頂尖與否，並不是未來唯一的指標，只是對於自我本身的深入和認真的態度，可以在最後留住自己的優點，不怕困難堅持到最後的人，才會有真正的競爭力。

如果你擁有正確的態度，積極的行動，機會就絕

開啟一扇生命之窗

對不會白白錯過！誠實檢視自己的內心，或許，生命就會開啟新的一扇窗。

美國演員卓別林身材矮小，外貌也不俊俏，稱不上是帥哥型的演員，面對其他高大英俊的演員與他競爭，他並沒有放棄自己的理想，他說過：「一樣是人，我並不比別人差，我也擁有自己的力量，我要向強者挑戰。」經過一番努力，不服輸的他成為無聲電影裡的喜劇之王。

弱者也能成為強者，關鍵在於你是否有一種奮進的力量和不服輸的精神。一切事物都是相對的，有好必然有壞，有強必然有弱，但是結局並非全都是強的一方勝利。

台灣社會對運動員的評價並不算高，因為運動員

多半給人「頭腦簡單、四肢發達」的刻板印象。

　　佳君和志雄踏入政壇時，受到很多質疑的眼光。很多人覺得年輕人經驗不足能做什麼事？而且在立法院內，完全沒有議事基礎，志雄與佳君是怎麼辦到的？其實他們沒有祕訣，憑藉的就是一股不服輸的精神。佳君曾說：「我相信事在人為，因此我盡全心地學習，我盡全力地付出。」志雄也說過，進入立法院之後，需要學習的事物非常的多，從舉手投足、服裝儀態、上台說話、立院質詢，到選舉策略、建立地方人脈，每一個事項都是一項新的學習。

　　佳君、志雄從一路不被看好到達今天的成就，就足以證明，事在人為，堅持到最後，才能分出勝負。

開啟一扇生命之窗

費曼博士對科學研究的堅持，他用很多的失敗經驗才堆積出在世界上的成就；阿爾瓦雖然在自己最重要的奧運馬拉松賽中受傷，還是靠著無比的毅力跑完全程，他們都曾經在努力的過程中失敗，但都不怕任何挫折，重新站起來。

這些故事中的主角都不是天才，他們跟你我一般平凡，他們可以做到，我們一定也可以。不要看輕自己，每個人都有無限的潛能，要看自己怎麼去開發。

佳君小語

在起跑線上一起起跑，有人衝得快，有人努力不懈地追趕，也有後來居上的後勁超越對手，不要太快就認輸，沒到達終點線之前，比賽不會終止。

開啟一扇生命之窗

國家圖書館出版品預行編目資料

看見生命之光／洪佳君, 黃志雄作；薛春光編著.
--初版. - 台北市：幼獅, 2010.11
面； 公分. --（智慧文庫）
ISBN 978-957-574-803-6（平裝）

1.成功法 2.生活指導

177.2 99018895

· 智慧文庫 ·

看見生命之光

主　　編＝薛春光
口　　述＝洪佳君、黃志雄
記錄整理＝馬鈺龍
繪　　圖＝徐建國
出 版 者＝幼獅文化事業股份有限公司
發 行 人＝李鍾桂
總 經 理＝王華金
總 編 輯＝劉淑華
副總編輯＝林碧琪
主　　編＝林泊瑜
美術編輯＝李祥銘
總 公 司＝(10045)台北市重慶南路1段66-1號3樓
電　　話＝(02)2311-2382
傳　　真＝(02)2311-5368
郵政劃撥＝00033368

印　　刷＝崇寶彩藝印刷股份有限公司
定　　價＝220元
港　　幣＝73元
初　　版＝2010.11
四　　刷＝2017.04
書　　號＝915024

幼獅樂讀網
http://www.youth.com.tw
e-mail:customer@youth.com.tw
幼獅購物網
http://shopping.youth.com.tw

幼獅文化公司／讀者服務卡／

感謝您購買幼獅公司出版的好書！
為提升服務品質與出版更優質的圖書，敬請撥冗填寫後（免貼郵票）擲寄本公司，或傳真
（傳真電話02-23115368），我們將參考您的意見、分享您的觀點，出版更多的好書。並
不定期提供您相關書訊、活動、特惠專案等。謝謝！

基本資料

姓名：..先生／小姐

婚姻狀況：□已婚 □未婚　職業：　□學生 □公教 □上班族 □家管 □其他

出生：民國................年................月................日

電話：（公）................（宅）................（手機）................

e-mail：..

聯絡地址：..

1.您所購買的書名：**看見生命之光**

2.您通常以何種方式購書?：□1.書店買書　□2.網路購書　□3.傳真訂購　□4.郵局劃撥
　　　　　（可複選）　　□5.幼獅門市　□6.團體訂購　□7.其他

3.您是否曾買過幼獅其他出版品：□是，□1.圖書 □2.幼獅文藝 □3.幼獅少年
　　　　　　　　　　　　　　　□否

4.您從何處得知本書訊息：□1.師長介紹　□2.朋友介紹　□3.幼獅少年雜誌
　　　　　　（可複選）　□4.幼獅文藝雜誌 □5.報章雜誌書評介紹................報
　　　　　　　　　　　□6.DM傳單、海報 □7.書店 □8.廣播(　　　　　)
　　　　　　　　　　　□9.電子報、edm □10.其他................

5.您喜歡本書的原因：□1.作者 □2.書名 □3.內容 □4.封面設計 □5.其他

6.您不喜歡本書的原因：□1.作者 □2.書名 □3.內容 □4.封面設計 □5.其他

7.您希望得知的出版訊息：□1.青少年讀物 □2.兒童讀物 □3.親子叢書
　　　　　　　　　　　□4.教師充電系列 □5.其他

8.您覺得本書的價格：□1.偏高 □2.合理 □3.偏低

9.讀完本書後您覺得：□1.很有收穫 □2.有收穫 □3.收穫不多 □4.沒收穫

10.敬請推薦親友，共同加入我們的閱讀計畫，我們將適時寄送相關書訊，以豐富書香與心
　　靈的空間：

(1)姓名................e-mail................電話................
(2)姓名................e-mail................電話................
(3)姓名................e-mail................電話................

11.您對本書或本公司的建議：

10045　台北市重慶南路一段66-1號3樓

幼獅文化事業股份有限公司

請沿虛線對折寄回

客服專線：02-23112832分機208　傳真：02-23115368

e-mail：customer@youth.com.tw

幼獅樂讀網http：//www.youth.com.tw